Eugenia Fratzeskou

O espaço como fase

Eugenia Fratzeskou

O espaço como fase

Rastreio da complexidade dinâmica

ScienciaScripts

Imprint

Any brand names and product names mentioned in this book are subject to trademark, brand or patent protection and are trademarks or registered trademarks of their respective holders. The use of brand names, product names, common names, trade names, product descriptions etc. even without a particular marking in this work is in no way to be construed to mean that such names may be regarded as unrestricted in respect of trademark and brand protection legislation and could thus be used by anyone.

Cover image: www.ingimage.com

This book is a translation from the original published under ISBN 978-3-330-05130-0.

Publisher:
Sciencia Scripts
is a trademark of
Dodo Books Indian Ocean Ltd. and OmniScriptum S.R.L publishing group

120 High Road, East Finchley, London, N2 9ED, United Kingdom
Str. Armeneasca 28/1, office 1, Chisinau MD-2012, Republic of Moldova, Europe
Printed at: see last page
ISBN: 978-620-7-75430-4

ÍNDICE DE CONTEÚDOS

Introdução

... o finito que os nossos sentidos percepcionam está sujeito a transformações infinitesimais que nos escapam...

Georges Vantongerloo [1]

A importância do desenho enquanto "sistema" que permite investigações visuais e conceptuais aprofundadas tem sido amplamente reconhecida no seu contexto interdisciplinar, incluindo a arte, o design, a matemática, a física e a tecnologia da informação, para citar apenas alguns exemplos. O diálogo intercientífico entre a matemática, a física nuclear e as tecnologias de grandes volumes de dados está a desenvolver-se à medida que estudamos os extremos do espaço, do tempo e da matéria. O interesse dos artistas pelos avanços científicos, incluindo os sistemas dinâmicos, o caos e a tecnologia da informação, tem sido particularmente importante para o desenvolvimento da investigação sobre abstração e visualização na arte (Capítulo 2). No entanto, os cientistas e os artistas são confrontados com o paradoxo sempre presente das suas próprias "observações".

O objetivo do presente estudo é investigar a evolução da relação entre arte, ciência e tecnologia. A ênfase é colocada na identificação do novo papel do desenho que emerge da crescente investigação científica da diagramação fase-espaço, em termos de avanço da investigação visual, desafiando não só as fronteiras da arte, mas também a forma como entendemos a relação entre a ciência e a realidade física, com particular referência à noção de espaço.

A importância do estudo de tais sistemas científicos não se coloca tanto nas definições e certezas que possam ter estabelecido, mas nos desafios e potencialidades que surgem não só em termos do seu objeto, mas também em termos do seu próprio aparato e computação, pondo à prova as nossas convicções estabelecidas. Através desta investigação, é possível perspetivar intervenções desafiantes e criativas na intersecção da arte, do design, da ciência e da tecnologia.

Capítulo 1

Espaço de fase

1.1. Campos de digitalização - Limites do desenho

As dinâmicas complexas caracterizam as condições extremas da realidade física. Tanto os sistemas dinâmicos como a teoria do caos (capítulo 1.2) têm aplicações na astrofísica (dinâmica galáctica, astronomia dinâmica, sistema solar), nos lasers e na física nuclear (aceleradores de partículas, etc.), na química, na biologia e na economia.[2] Como afirma Aristóteles na sua obra *Metafísica*, "o todo é mais do que a soma das partes".[3] Esta afirmação diz respeito a todo o domínio da ciência e da tecnologia contemporâneas, com especial referência ao desenvolvimento da física quântica, dos aceleradores de partículas, da dinâmica galáctica e da cibernética. Como muito bem salienta o investigador Josep Sardanyes:

> *Aristóteles visionou o paradigma da complexidade, em que as interacções não lineares devem ser consideradas para analisar sistemas complexos.* [4]

Por conseguinte, o que é realmente importante é a forma como as variáveis interagem entre si ou, por outras palavras, o grau de não linearidade. Como a topologia é uma parte importante dos sistemas dinâmicos, foi concebido um espaço abstrato n-dimensional para o seu estudo. Este espaço abstrato é designado por "espaço de fases" ou "espaço de estados".[5]

O espaço de fases foi definido por cientistas como Peter Sivak, como um espaço abstrato para "representar" e "descrever" qualquer sistema dinâmico.[6] Como afirmam os cientistas, uma vantagem importante do espaço de fase é o

4

facto de permitir a representação de todos os estados possíveis de um sistema.[7] O espaço de fase funciona como um plano de frequência hipotético, onde é possível "delinear" de forma indireta e aproximada as interacções, as estruturas e as dimensões superiores que emergem entre a ordem e o caos (como nas "ferramentas" de cálculo, como o atrativo de Rossler e o sistema de Lorenz, abordados nos Capítulos 1.2.1 - 1.2.2). O espaço de fases é utilizado para estudar e prever condições adversas na geometria do escoamento. Através deste tipo de geometria, é possível estudar a dinâmica de alongamento e dobragem em sistemas caóticos emergentes. As características problemáticas ou desconhecidas das funções de onda, as "superfícies" aparentes formadas a partir de determinados períodos, a deteção de estruturas e atractores ocultos, a dimensão do hiperchaos, são apenas alguns dos desafios cruciais da matemática e da física baseadas na estatística.

Pode argumentar-se que o momento de uma partícula pode ser "delineado" através de uma espécie de relatividade indexada. Por exemplo, a mecânica quântica é matematicamente formulada num tipo particular de "espaço de fases" definido como "espaço de Hilbert". Este tipo de "espaço" é um espaço projetivo complexo de estados impuros, porque estes estados são representados como misturas estatísticas de estados puros, ou estados mistos. A relação entre os estados é revelada devido ao facto de, num sistema mecânico quântico geral, os efeitos de uma única medição poderem influenciar outras partes do sistema. A complexidade crescente deste "ambiente" de visualização é ainda mais acentuada à medida que a estrutura dos estados e dos observáveis se torna mais complicada do que a idealização dos estados puros, porque estes últimos foram inevitavelmente filtrados através da abstração e da redução. [8] No entanto, como Kevin Hartnett comenta,

... os períodos são hoje um dos temas mais abstractos da

matemática, mas começaram por ser uma preocupação mais concreta... [para estudar a] ordem subjacente [do cosmos].[9]

Esta abstração crescente é também notada por investigadores como Anton Fuhrmann et al., no seu esforço para criar modelos 3D interactivos do espaço de fase em ambientes de Realidade Virtual para melhorar a sua compreensão, devido ao facto de o espaço de fase e os atractores terem sido sempre construções matemáticas altamente abstractas, demasiado confusas mesmo para os especialistas. [10]

Para compreender o contexto do desenvolvimento do espaço de fases, é importante conhecer a geometria algébrica. A geometria algébrica tem aplicações na estatística, na robótica, na modelação geométrica e na programação inteira, para citar alguns exemplos.[11] Algumas das raízes da geometria algébrica remontam ao trabalho dos gregos helenísticos do século 5th a.C. [th]Com o aparecimento dos computadores no século XX, surge o ramo da geometria algébrica computacional, na intersecção da geometria algébrica com a álgebra computacional. A geometria algébrica é estudada principalmente como um meio para procurar estruturas ocultas e identificar relações.[12] A geometria algébrica é estudada principalmente como meio de procurar estruturas ocultas e de identificar relações, tendo contribuído para o desenvolvimento de algoritmos e de aplicações informáticas para estudar e encontrar as propriedades de variedades algébricas explicitamente dadas. [13] Certas colisões de partículas podem estar relacionadas com motivos matemáticos. Como observa Hartnett, é possível identificar "colisões intermédias, [onde] novas partículas como os fotões são criadas e aniquiladas antes de poderem ser observadas..." [14]

Apesar do diálogo em desenvolvimento entre a matemática estatística, a física matemática e a programação informática, os investigadores alertam-nos para uma crise emergente que prevalece no "núcleo" da ciência e da tecnologia contemporâneas. Como resume Francis Brown, matemático da Universidade de Oxford, "ficámos sem números e funções clássicas para dar aos físicos".[15] A investigação científica está fortemente dependente da conversão de números irracionais em aproximações racionais, da redução da dimensionalidade e da abstração estatística. Como as frentes de onda são constituídas por probabilidades, questões cruciais como a função de onda dos fotões não podem ser totalmente determinadas. Investigadores como Haoran Wen sublinham que é vital identificar "mais ligações ocultas entre os modelos matemáticos existentes e os sistemas físicos" para fazer progressos interessantes e identificar "intermediários", incluindo as várias colisões e os seus produtos.

Pode argumentar-se que estas questões importantes podem ser resolvidas através do aprofundamento da compreensão e do alargamento do objetivo da ciência em relação ao seu contexto interdisciplinar. A questão específica pode ser mais bem compreendida se olharmos para o trabalho internacionalmente aclamado de Constantin Caratheodory. [th] Considerado um dos principais matemáticos do século XX, Caratheodory influenciou significativamente o curso da matemática e contribuiu substancialmente para o desenvolvimento inter-relacionado de outros ramos da ciência, incluindo a astronomia, a ótica e a termodinâmica. Sendo um filósofo da ciência, foi capaz de estabelecer novos métodos de investigação para a sua expansão substancial, incluindo teorias avançadas como a sua teoria dos "somas" (que deriva do substantivo grego "ewpa" que significa "corpo") para fazer avançar a teoria dos conjuntos e os domínios conexos. Tem-se argumentado que a teoria do "soma" pode ser demasiado exigente (ou mesmo inacessível) para ser compreendida e aplicada na sua totalidade pelos cientistas contemporâneos.[16]

Na teoria dos "somas", os elementos consistem em espaços abstractos e geometria, enquanto quaisquer aproximações podem ultrapassar os limites da linha real. São utilizados conjuntos parcialmente ordenados para introduzir novos axiomas e relações, incluindo os subconjuntos abertos de Euclides para lidar com as propriedades invulgares do plano. A teoria dos "somas" influenciou numerosas áreas, incluindo a teoria das probabilidades, a geometria diferencial estocástica, a incerteza e a conceção de redes. Em particular, a teoria tem aplicações em vários domínios de estudo, tais como problemas de limites livres em tensões superficiais e fluxos viscosos; sistemas dinâmicos, não linearidade e programação; espaços hiperbólicos e dimensionalidade múltipla; relatividade; teoria da complementaridade; termodinâmica de não-equilíbrio. Finalmente, é importante notar que a topologia das variedades não planas foi também introduzida por Caratheodory nas suas investigações sobre a estrutura da termodinâmica, com particular referência às alterações de fase e à elasticidade. [17]

1.2. Mapeamentos não lineares de dinâmicas complicadas

Os atractores são uma das "ferramentas" fundamentais utilizadas na teoria do caos.[18] Como explica Sardanyes, a teoria do caos centra-se no "paradoxo do caos" que desafia as próprias raízes da ciência "que sugerem que o aumento do conhecimento conduzirá à previsibilidade". A imprevisibilidade pode resultar de ruído aleatório, dos efeitos do ambiente no sistema e/ou do caos. [19] Essencialmente, a noção de "caos" reflecte a nossa própria falta de conhecimento das condições iniciais de um sistema e, por conseguinte, da sua previsão exacta à medida que evolui. Por conseguinte, pode argumentar-se que aquilo a que chamamos atualmente "caos" e "aleatoriedade" pode constituir um tipo diferente de ordem que não podemos compreender atualmente.[20]

Um atrator pode ser definido como um conjunto de estados, ou seja, de pontos no espaço de fases. Um atrator não pode ser decomposto ou reduzido. [21] Como explica Michael N. Vrahatis, os atractores são utilizados principalmente para "localizar e calcular as órbitas periódicas de mapeamentos não lineares de sistemas dinâmicos", juntamente com a geometria das órbitas no espaço de fases. [22] A morfologia comum dos atractores consiste em "superfícies invariantes compostas por órbitas quase-periódicas limitadas".[23] Como vimos no Capítulo 1.1. e como será discutido nos próximos capítulos, as noções importantes de "superfície" e "fronteira" são questões complexas que têm sido altamente contestadas no discurso científico relevante, tanto em termos teóricos como práticos. É crucial que exista um desacordo permanente na determinação do que é exatamente um "atrator", uma vez que é difícil definir rigorosamente o termo. [24] Como veremos nos próximos capítulos, um atrator pode ser descrito como um "subconjunto" de pontos/estados, uma "estrutura", um "sistema protótipo", um "modelo", uma "ferramenta computacional", uma "dinâmica assintótica", ou mesmo um "problema paradigmático", devido à sua natureza altamente complexa e abstrata.

Uma espécie de "traçado" indireto marca visualmente a passagem do tempo juntamente com as flutuações do campo de forças no espaço de fase. Com o passar do tempo, pode surgir um conjunto de pontos num espaço de fase. Esses pontos podem começar a formar uma curva que, subsequentemente, destacaria uma "estrutura" particular, ou seja, um atrator. Normalmente, se o atrator tiver uma fronteira fechada, o comportamento do sistema será previsível indefinidamente. Pelo contrário, uma fronteira não fechada pertenceria a um sistema caótico e fractal com taxas de oscilação imprevisíveis e possíveis "fugas" de energia para dimensões extra.[25] Como resume Pierre Gaspard, "... atractores estáveis, periódicos ou quase periódicos em sistemas autónomos definidos num coletor unidimensional ou bidimensional, como a linha, o círculo, o plano, a esfera ou o toro". [26] Os comportamentos "irregulares" ocorrem quando "o movimento já não se situa num toro bidimensional liso, mas tende a preencher um domínio de dimensão superior a dois", como concluem Vrahatis et al. [27] Consequentemente, a dimensão mínima para o caos é três.[28] Normalmente, a duplicação do período ocorre na fronteira entre o comportamento linear e o caótico, seguida de quadruplicação e outras mudanças de estado.[29] A duplicação do período é um estado denso das órbitas, que marca a passagem para as condições caóticas, por vezes irreversíveis (Capítulo 1.2.1).

No entanto, a situação pode ser muito mais complicada do que a descrita acima. O comportamento caótico pode ser detectado mesmo em certas órbitas limitadas, enquanto que uma região de equilíbrio estável (como se encontra nos pontos periódicos densos, por exemplo) pode ocorrer entre curvas de bifurcação heterogéneas, como afirmam Roberto Barrio et al. na sua pesquisa sobre a relação entre regiões caóticas e regulares em atractores (Capítulo 1.3).[30] Tais propriedades e comportamentos irregulares não podem ser detectados através de certos modos diagramáticos, como nos mapas de Henon (Capítulo 1.2.2). Sivak et al. apresentam um resumo dos tipos de atractores, como se segue:

> *Um atrator refere-se a um subconjunto de um espaço de estados conectado... onde o fluxo é globalmente contratante para... mapeando em si mesmo sob evoluções para a frente... [um atrator] pode ser um ponto fixo, uma órbita periódica, aperiódica, ou uma combinação dos itens acima...*[31]

Um atrativo recorrente aperiódico pode também ser referido como um "atrativo estranho" com uma estrutura fractal (Capítulo 1.2.2), que assinala frequentemente a existência de uma dinâmica caótica. Os atractores de fluxo não periódicos são também topologicamente transitivos.[32] No entanto, a existência e a função do atrativo estranho têm sido contestadas. Por um lado, alguns cientistas argumentam que a sua existência nunca foi provada.[33] Por outro lado, argumenta-se que o artigo de Edward N. Lorenz de 1962 foi particularmente importante para a teoria do caos, uma vez que o primeiro atrator estranho de um sistema determinístico foi encontrado, descrito e traçado [Fig.1]. [34]

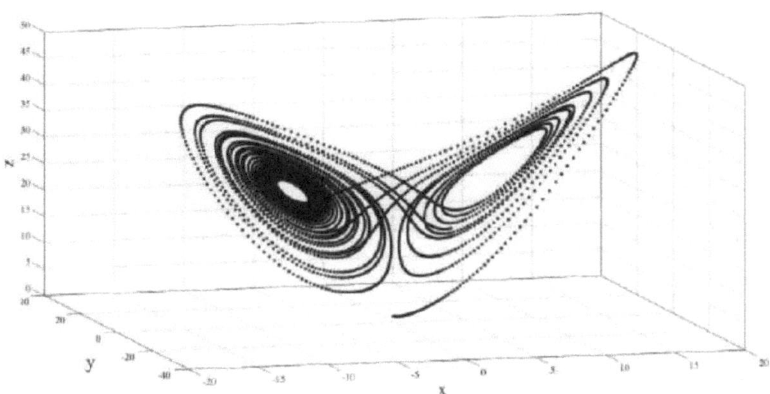

Fig. 1 Atractor estranho do sistema de Lorenz (Maletic, Slobodan, et al., "Persistent Topological Features of Dynamical Systems" in *Chaos: An Interdisciplinary Journal of NonlinearScience* , No. 26, 2015, https://www.researchgate.net/publication/283247270_Persistent_topological_features_of_ dynamical_systems, acedido: 24 de setembro de 2017).

Essencialmente, os atractores têm sido descritos pelos cientistas como problemas paradigmáticos ainda não totalmente compreendidos. Um atrator possui o estatuto ambíguo de uma ferramenta computacional não ilustrativa que dá uma forma geométrica à dinâmica, à complexidade e, em última análise, ao caos. Um atrator não deve ser visto como a "coisa em si", como uma ilustração, ou mesmo como um relevo 3D "solidificado" da dinâmica. Esta questão não deve ser abordada apenas em termos de morfologia das órbitas e representação de frequências, devido ao facto de a forma visual de um atrator poder ser surpreendentemente desproporcional aos seus comportamentos e propriedades. Por exemplo, as órbitas periódicas de diferentes períodos com morfologia semelhante não partilham necessariamente as mesmas propriedades de estabilidade.[35] Outras distorções podem ser causadas pela imprecisão dos dados e da sua modelação gráfica, incluindo deslocações e aproximações dimensionais; pressupostos de fronteira; várias condições desconhecidas, tais como o ponto de rutura do toro, a ausência de um ponto fixo universal ou de uma origem, os comportamentos irregulares que ocorrem quando as dimensões são superiores a dois, e muitas outras que serão discutidas nos próximos capítulos.[36]

1.2.1. Sistemas de Rossler: Dar ao Caos uma Forma Geométrica?

Os sistemas protótipo do bioquímico alemão Otto Eberhard Rossler são utilizados no caso de sistemas dinâmicos de baixa dimensão com comportamento caótico [Fig.2]. Como uma das ferramentas básicas da teoria do caos, a principal vantagem do atrator de Rossler é o facto de ser um sistema relativamente simples através do qual a forma geométrica do caos pode ser mostrada numa sequência temporal, como explicado em Sivak et al.[37] Como Gaspard descreve, os sistemas de Rossler foram introduzidos nos anos setenta para o caso do caos em tempo contínuo no caos químico.[38]

Tanto os atratores de Rossler como os de Lorenz foram concebidos para testar problemas em técnicas analíticas e numéricas em dinâmicas complicadas, incluindo a previsão meteorológica e o comportamento de fluxos líquidos. É dada especial ênfase às etapas reactivas binárias do equilíbrio termodinâmico.[39]

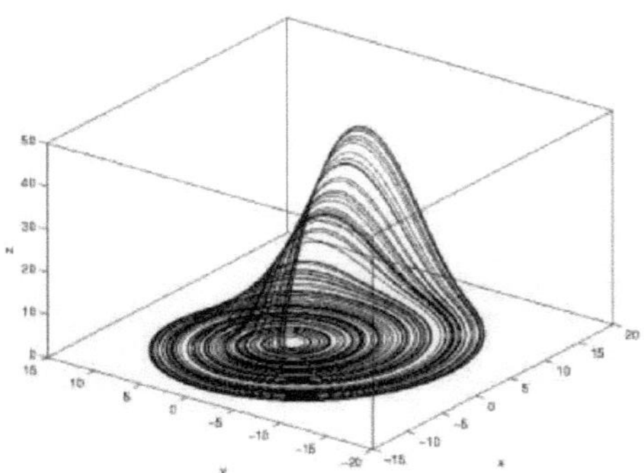

Fig.2a Um atrator de Rossler num espaço euclidiano tridimensional (Sardanyes, Josep, Website oficial, "Chaos", 2015, http://complex.upf.es/~josep/Chaos.html, acedido em: 11 de setembro de 2017).

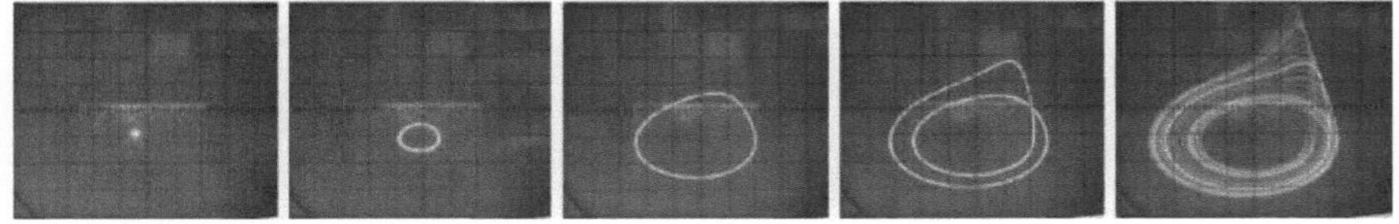

Fig.2b Sinais de visualização do osciloscópio X-Y do atrator de Rossler (Kleinschmidt, Glen, sítio Web oficial, "A Rossler Attractor Circuit", outubro de 2013, http://www.glensstuff.com/rosslerattractor/rossler.htm, acedido em 7 de setembro de 2017): 7 de setembro de 2017).

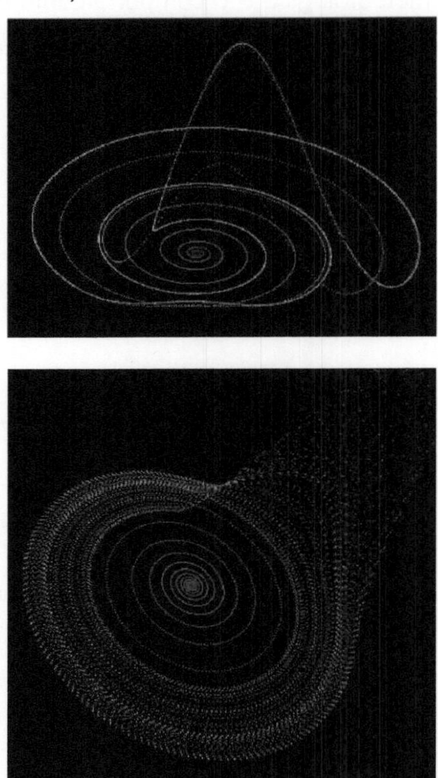

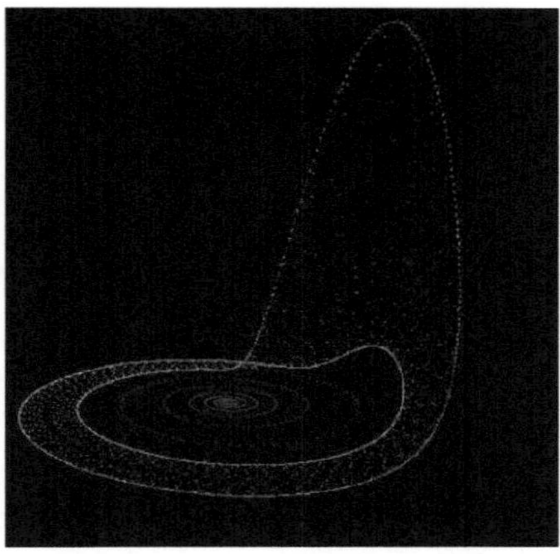

Fig.2c Um atrator de Rossler cada vez mais caótico (Bourke, Paul, *The Rossler Attractor in 3D*, maio de 1997, http://paulbourke.net/fractals/rossler/, acedido: 24 de setembro de 2017).

Os protótipos de sistemas de Rossler operam normalmente em espaços tridimensionais onde a dinâmica caótica está em ação. Rossler também propôs sistemas tetradimensionais para "retratar" o hipercaos.[40] Como Gaspard descreve, Rossler inspirou-se na geometria dos fluxos tridimensionais para apresentar frequentemente um coletor lento em forma de Z no seu espaço de fase [Fig.3].[41] Neste coletor, o movimento é lento até ser atingido um limite, após o que a trajetória salta para o outro ramo do coletor. Essencialmente, como analisa Sardanyes, no fluxo de Rossler encontramos a seguinte formação:

> ... [uma] *espiral única embutida num disco. A parte exterior regressa, após uma torção apropriada e a formação de uma banda de Mobius...*[42]

Consequentemente, a orientação da superfície pode tornar-se uma questão altamente complexa que também afecta a dinâmica do fluxo de Rossler.

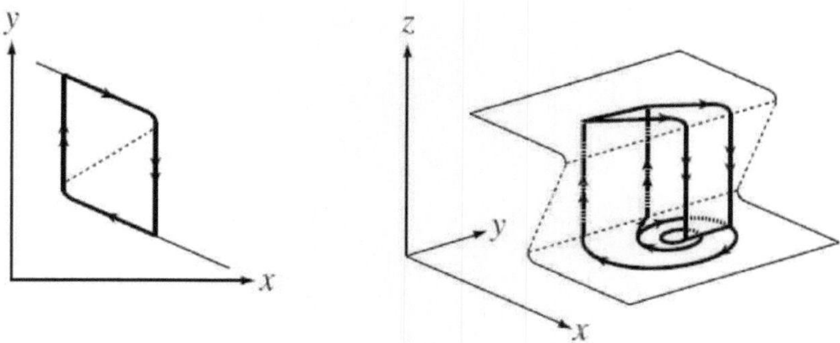

Fig.3 Um coletor lento em forma de Z (Gaspard, Pierre, "Rossler Systems", in Scott, Alwyn, ed., *Encyclopedia of Nonlinear Science*, Routledge, New York, 2005, p.808).

Apesar da sua utilidade, o "modelo" Rossler foi definido por investigadores como Barrio, como um "problema paradigmático entre sistemas dinâmicos de baixa dimensão com comportamento caótico", que permanece mal definido:

> *... juntamente com o modelo de Lorenz... tornaram-se problemas de teste para quase todas as novas técnicas analíticas e numéricas em dinâmica computacional... na literatura existem apenas respostas parciais sem equações explícitas para as regiões estáveis...* [43]

Em geral, uma bifurcação ocorre quando uma pequena alteração suave dos parâmetros de um sistema provoca uma mudança "qualitativa" ou topológica súbita no seu comportamento (Capítulo 1.3).[44] No caso do sistema de Rossler, os investigadores observaram os seguintes estados progressivos: [45]

1. Dois atractores em estado estacionário estão interligados por dois tipos progressivos de bifurcação, ou seja, de dois pontos críticos:

    1.1 Uma bifurcação de Hopf emerge dos atractores estacionários para os atractores periódicos. Este é um ponto crítico em que a estabilidade do sistema muda e surge uma "solução periódica".[46]

    1.2   Ocorre uma "cascata" de duplicação do período, passando de atractores periódicos a atractores caóticos [Fig.2b].

2. O atrator caótico resultante tem um único lóbulo e é referido como um caos do tipo espiral que se manifesta em amplitudes irregulares [Fig.4a].

3. Ocorre uma transição para um caos do tipo parafuso que gera um coletor instável bidimensional onde o movimento é em espiral [Fig.4b].

4. Mais adiante, o sistema sofre cascatas de bifurcação complexas, gerando sucessivos atractores periódicos e caóticos [Fig.5].

Quanto mais elevada for a dimensionalidade, mais complexo e instável se torna o sistema dinâmico, à medida que passamos pelo estado denso e crítico da duplicação de períodos. No entanto, entre os vários tipos de atractores e bifurcações, podem ocorrer mudanças alternadas entre estados de ordem e desordem envolvendo órbitas limitadas e não limitadas.

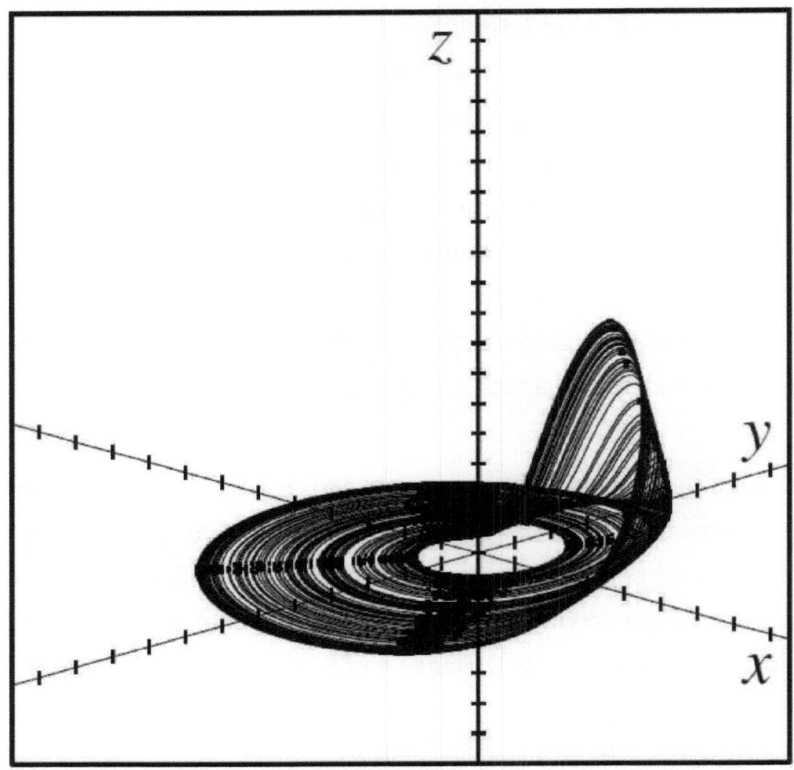

Fig. 4a Caos de tipo espiral (Gaspard, Pierre, "Rossler Systems", in Scott, Alwyn, ed., *Encyclopedia of Nonlinear Science*, Routledge, New York, 2005, p.809).

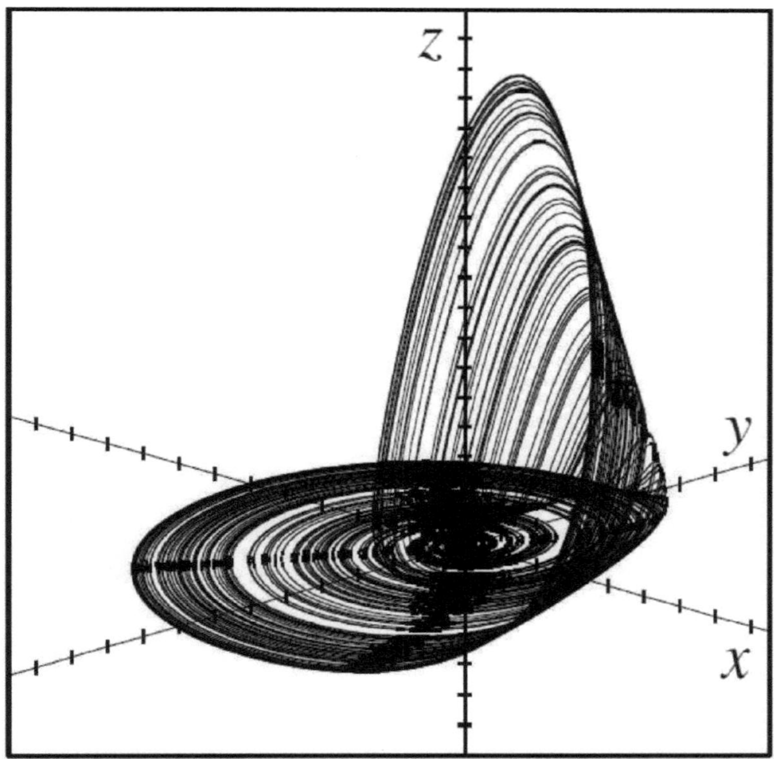

Fig. 4b Caos de tipo parafuso (Gaspard, Pierre, "Rossler Systems", in Scott, Alwyn, ed., *Encyclopedia of Nonlinear Science*, Routledge, New York, 2005, p.809).

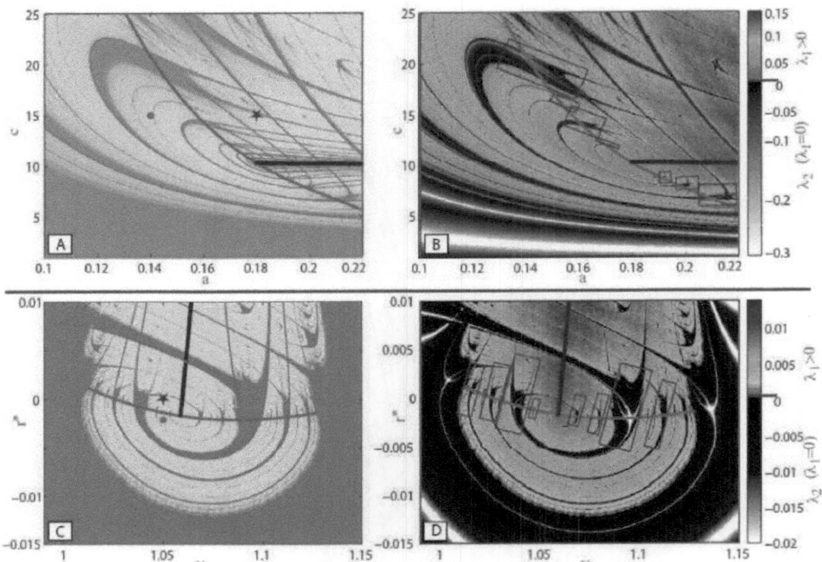

Fig.5a Diagramas de bifurcação biparamétricos. O limite verde significa uma mudança na estrutura topológica dos atractores caóticos de espiral (símbolo de ponto) para forma de parafuso (símbolo de estrela) (Barrio, Roberto et al., "Global Organization of Spiral Structures in Biparameter Space of Dissipative Systems with Shilnikov Saddle-Foci" in *Physical Review: Statistical, Nonlinear, and Soft Matter Physics,* No.84, 2011, p.2).

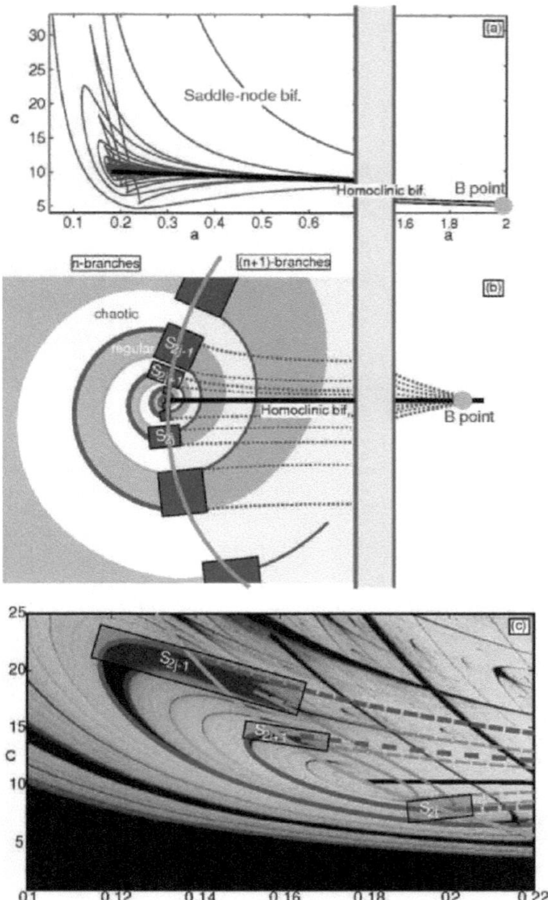

Fig.5b Estruturas em espiral com as suas bifurcações subjacentes analisadas de vários ângulos (Barrio, Roberto et al., "Global Organization of Spiral Structures in Biparameter Space of Dissipative Systems with Shilnikov Saddle-Foci" in *Physical Review: Statistical, Nonlinear, and Soft Matter Physics,* No.84, 2011, p.4).

21

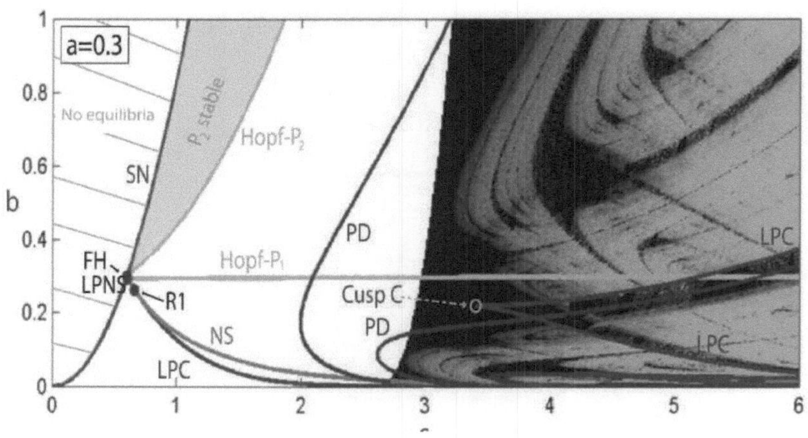

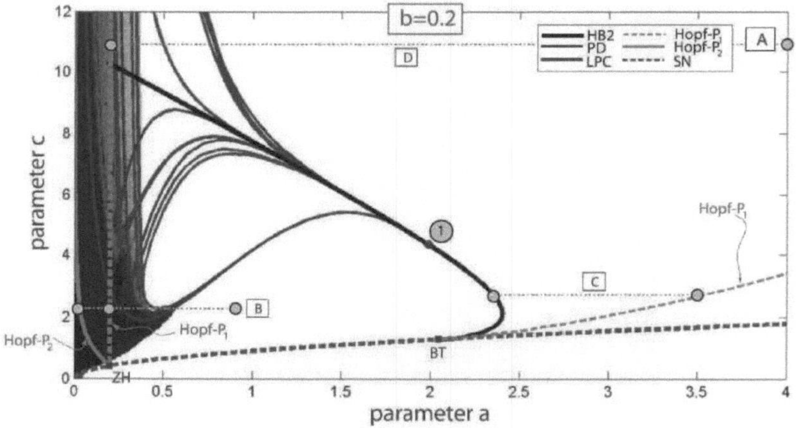

Fig.5c-d Análise de diversas curvas de bifurcação (Barrio, R., et al., "Qualitative and Numerical Analysis of the Rossler Model: Bifurcações de Equilíbrios", em Computadores e Matemática com Aplicações, No.62, Elsevier, 2011, pp.4146-4147).

Neste ponto da análise dos atractores, é importante sublinhar que as bifurcações são responsáveis por "causar dinâmicas complexas" em numerosos sistemas, incluindo reacções electroquímicas, dinâmica populacional, circuitos electrónicos e ótica não linear, como explicam Barrio et al. na sua investigação. No entanto, apesar das investigações sistemáticas de tais condições, ainda sabemos muito pouco sobre esses sistemas. Como explicam Barrio et al,

Apesar do grande número de estudos que relatam a ocorrência de estruturas em espiral, ainda pouco se sabe sobre os pormenores de construção e os cenários de bifurcação subjacentes a estes padrões.[47]

A análise esquemática de Barrio do cubo em espiral e das bifurcações subjacentes é uma das mais características deste tema. Devido à sua geometria dinâmica e dimensionalidade complexa, as estruturas em espiral são analisadas de vários ângulos e através de múltiplas camadas. Parece que estamos a olhar para uma representação demasiado realista do campo dinâmico através da sobreposição de diagramas lineares codificados por cores da análise de bifurcações. As geometrias não-euclidianas e os ricos gradientes de cor traem a presença das dimensões superiores da dinâmica caótica. A intensidade do excesso parece ser "incisada" pela exatidão da linha, no esforço dos cientistas para mapear o "inconcebível".

1.1.2. O mapa de Henon: Modelação do fluxo

Motivado pelas equações de Lorenz, Michel Henon introduziu um mapa bidimensional simples em 1976. O objetivo é que o mapa capte a dinâmica de alongamento e dobragem dos sistemas caóticos para modelar fluxos próximos de tipos específicos de bifurcação. O mapa de Henon tem sido um protótipo utilizado principalmente como ferramenta computacional e não como ilustração da dinâmica em si. Curiosamente, o mapa de Henon e o mapa logístico podem ser visualizados através de diagramas de bifurcação [Fig.6]. [48] É útil ter em conta que a imprevisibilidade e a "aleatoriedade" levaram a equação do mapa logístico a ser utilizada como gerador de números pseudo-aleatórios nos primeiros computadores para visualizar a ressonância e outras condições.[49]

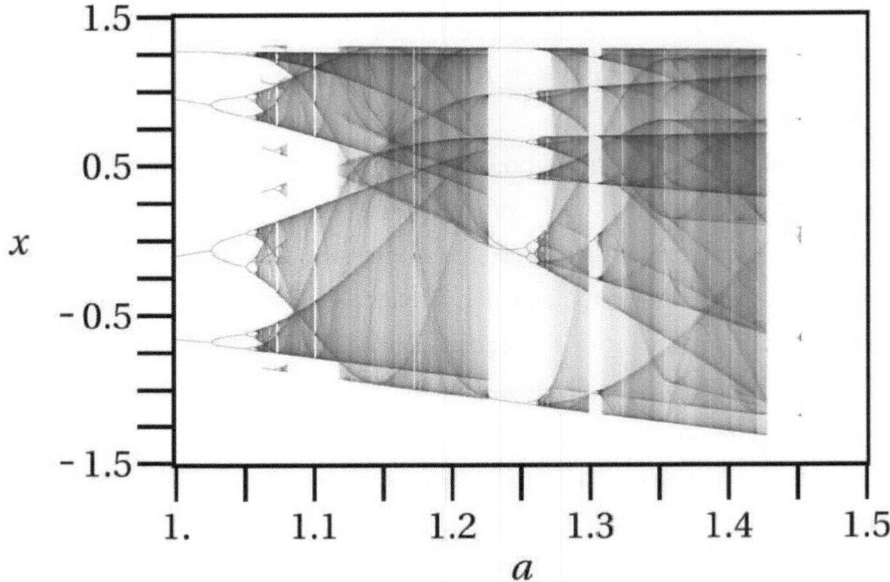

Fig.6 Um diagrama de bifurcação de Henon (Pierce, Jordan, "Bifurcation Diagram", in *Wikipedia, The Free Encyclopedia*, Wikipedia, 9 de setembro de 2011, https://commons.wikimedia.org/w/index.php?title=File:Henon_bifurcation_map_b%3D0.3.p ng&oldid=186252530, acedido: 27 de setembro de 2017)

Como o atrator de Henon é um sistema misto com uma suavidade fractal numa dimensão e um conjunto de Cantor [Fig.7] noutra, as tarefas, de outro modo simples, de formação de fronteiras e orientação ganham uma dimensão especial de complexidade matemática, geométrica e computacional. É de notar que o conjunto de Cantor inclui pontos situados num único segmento de reta que tem propriedades particularmente interessantes e profundas. Apesar da sua abstração inicial, o conjunto de Cantor contribuiu para lançar as bases da moderna topologia de conjuntos de pontos, ou seja, da topologia geral.[50]

Fig.7 O conjunto de Cantor (Sardanyes, Josep, Website oficial, *"Fractals"*, 2015, http://complex.upf.es/~josep/fractals.html, acedido: 11 de setembro de 2017)

O princípio do mapeamento de Henon é o seguinte: um ponto inicial do plano aproximar-se-á de um conjunto de pontos conhecido como o atrativo estranho de Henon, ou divergirá para o infinito. Em termos diagramáticos, como Sardanyes descreve,

> ... o domínio caótico deixa uma nuvem de pontos no espaço de parâmetros com uma dimensionalidade fraccionada. Esta estrutura é um conjunto de Cantor... [51]

Como se pode ver na Fig.6, existem várias regiões "satélite" de caos e periodicidade, com as áreas mais escuras a assinalar uma maior probabilidade. No entanto, uma limitação substancial da investigação de tais sistemas e dos seus mapeamentos é afirmada na conclusão de Wen da seguinte forma:

> ... devido à falta de estudos sistemáticos sobre os comportamentos caóticos dos sistemas micro-mecânicos, a não linearidade é intencionalmente evitada.[52]

Como se observou, uma origem instável produz a duplicação do período e um atrativo estranho. No entanto, muitas das propriedades dinâmicas e caóticas especiais do mapa de Henon, incluindo toda a sequência de bifurcações de duplicação de período, não são acessíveis. [53] A descrição de Wen da "dinâmica simbólica binária" é reveladora do que pode ser mapeado e do que foi deixado de fora:

... cada dobra para a frente... intersecta transversalmente cada dobra para trás... A falta de estabilidade estrutural resultará na criação e destruição de um número infinito de órbitas periódicas para qualquer mudança de parâmetro...[54]

Se e como poderemos alguma vez "testemunhar" plenamente os aparentes "binários" que se transformam em fractais no ponto crítico em que o excesso e a tensão distorcem o tecido geométrico, continua a ser uma questão desafiante e criativa.

1.3. Bifurcação para catástrofe

A teoria das catástrofes é um ramo da teoria das bifurcações. Esta última é o estudo matemático da mudança em sistemas dinâmicos. [55] As catástrofes são bifurcações (ou divisões) entre pontos de equilíbrio chamados atractores de ponto fixo. Em termos de visualização esquemática, uma bifurcação pode assumir a forma de uma dobra, cúspide, borboleta ou cauda de andorinha quando existe apenas uma variável de controlo, ou pode aparecer como hiperbólica, elíptica ou parabólica quando existem duas variáveis de controlo.[56]

Um dos principais problemas que intrigam os cientistas é saber que tipo de ligação existe entre as curvas de bifurcação dos equilíbrios, os ciclos-limite, as regiões caóticas e as regiões regulares.[57] Como vimos, o comportamento caótico pode ser detectado mesmo em certas órbitas limitadas, enquanto uma região de equilíbrio estável pode ocorrer entre curvas de bifurcação heterogéneas. Os investigadores defendem que os postulados se devem basear principalmente na geometria não-euclidiana, devido ao facto de as variedades instáveis resultantes se assemelharem geralmente a um cilindro ou a uma faixa de Mobius.[58] Como salienta Jerry Donato, relativamente ao estudo da termodinâmica de não-equilíbrio, o conceito fundamental é a "intrinsecidade", *uma* vez que "os processos de não-equilíbrio e instáveis são dependentes do caminho, ou seja, as condições de integrabilidade não são satisfeitas".[59] Podemos compreender a importância de efetuar este tipo de investigação sobre a termodinâmica de não-equilíbrio, uma vez que esta constitui um quadro para a descrição macroscópica de processos irreversíveis, em contraste com o habitual estudo analítico de sistemas não-lineares, que revela apenas propriedades locais. [60]

A identificação e a análise dos vários tipos de bifurcação são cruciais para compreender a estrutura da fase específica com a sua geometria emergente ainda desconhecida. As curvas de bifurcação parecem ocorrer principalmente na "região de fuga". Algumas delas coincidem com os limites das várias estruturas caóticas. [61] Por exemplo, um tipo de coletor bidimensional instável deriva do caos em parafuso, em que o movimento está a sair em espiral. Nas experiências de Ruslan L. Davidchack sobre o caos transitório em lasers semicondutores, este tipo de coletor produz cascatas de bifurcação complexas e um caso interessante de atração de Sísifo. Este é um dos casos mais intrigantes de atractores (ou "dinâmicas assintóticas") que provocam uma crise de limites, uma vez que deriva da fusão das ruínas dos atractores originais [Fig.8]. [62]

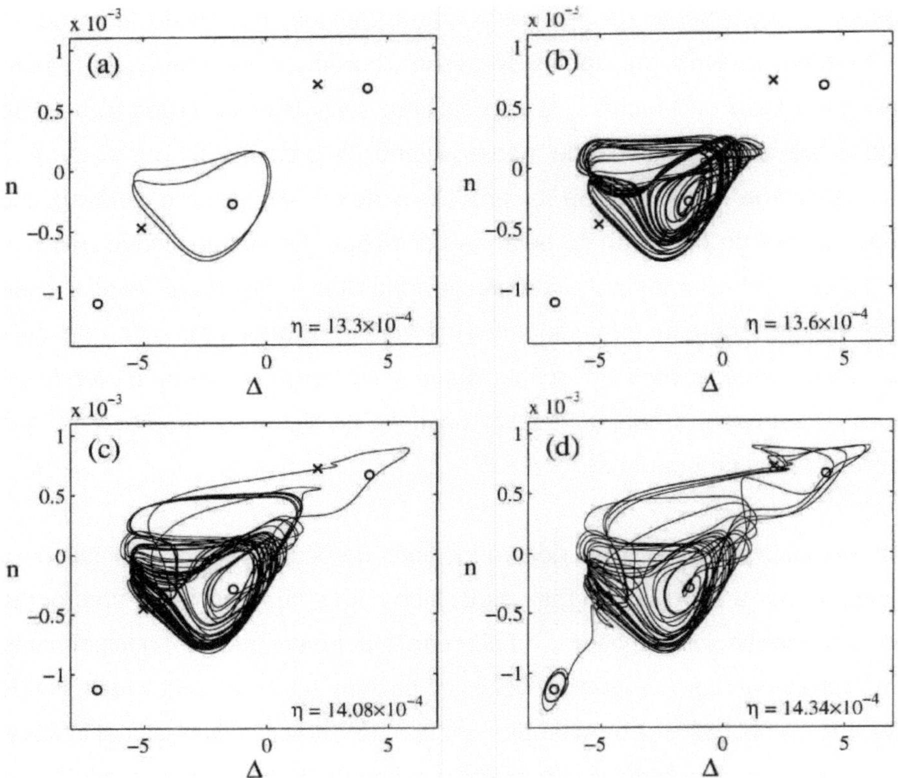

Fig.8 Diferentes fases do atrator de modos de cavidade externa (ECM):

a. Um ciclo-limite após uma bifurcação de duplicação de período.

b. Um atrator caótico.
c. A fusão do atrator da ECM com as ruínas do atrator da ECM vizinha.

d. A crise limite do atrator caótico.

(Davidchack, Ruslan L., et al., "Chaotic Transitions and Low-Frequency Fluctuations in Semiconductor Lasers with Optical Feedback", in *Physica D*, No.145, Elsevier, 2000, p.134).

1.4. Desenhos impossíveis: A borda do plasma

O que poderá ser a "borda" dos fluxos de energia e como poderá ser cuidadosamente delineada? Superfícies de fluxo aninhadas e formas de forte gradiente de cor dão uma imagem típica da dinâmica de plasma em evolução.

A dinâmica dos plasmas continua a ser um domínio de investigação largamente aberto. Esta dinâmica apresenta propriedades mais ricas do que as dos fluidos "neutros" convencionais. A situação é muito complexa: os componentes do plasma produzem campos electromagnéticos e estão simultaneamente sujeitos a esses campos.[63]

A falta de uniformidade da intensidade do campo magnético produz muitos efeitos interessantes e surpreendentes. Quando as órbitas caóticas ficam presas em toros invariantes tetradimensionais, surgem cadeias instáveis de órbitas periódicas. Conforme relatado pelos investigadores, identificar e calcular a cadeia de órbitas periódicas instáveis detectadas entre as órbitas periódicas estáveis é uma tarefa altamente problemática. Uma vez que não existem barreiras topológicas reais, as órbitas caóticas não podem permanecer presas durante muito tempo. [64]

A "borda" do fluxo de plasma pode ser "traçada" indiretamente através da "codificação" visual dos vários tipos de "incidentes" e "acidentes" intrínsecos que ocorrem na periferia. Estes elementos podem variar desde novos tipos de partículas e orientação irregular do campo de forças, até vários tipos de estados "mistos". Estas condições imprevistas podem ser normalmente observadas na região da borda do plasma e através da interação plasma-parede [Fig.9]. Nas suas experiências sobre futuros reactores de fusão, Ambrogio Fasoli et al. chegaram à seguinte conclusão:

Algumas das maiores incertezas... estão relacionadas com a dinâmica do plasma

dinâmica do plasma... a região da borda do plasma, onde o plasma é

mais frio, contém múltiplas espécies e impurezas... e está sujeito

a interacções com os materiais da parede do reservatório, e onde o

Uma espécie de "memória" de campo de forças, oscilando entre estados elípticos e excessivos, pode assim ser "armazenada" e "lida" em várias morfologias mistas. As lacunas podem resultar da ressonância que "assombra" a estrutura geométrica do espaço de fase, mesmo depois de os "objectos" originais se terem desfeito.[66] Os "planaltos" podem ser distorcidos por oscilações e tendências oblíquas. [67] Somos confrontados com grandes flutuações, oscilações complexas, emaranhamento intrínseco, reverberações ("memória"), pontos críticos ou de colapso, orientação intrigante e gradientes de frequência ricos. A necessidade de realizar uma investigação aprofundada dos campos de força e dos fluxos de energia através de uma verdadeira abordagem interdisciplinar é simultaneamente sublinhada como imperativa e proposta como uma sinergia "futurista" que envolve a matemática aplicada, a física analítica e computacional, os sistemas complexos e o processamento em tempo real de grandes volumes de dados.[68]

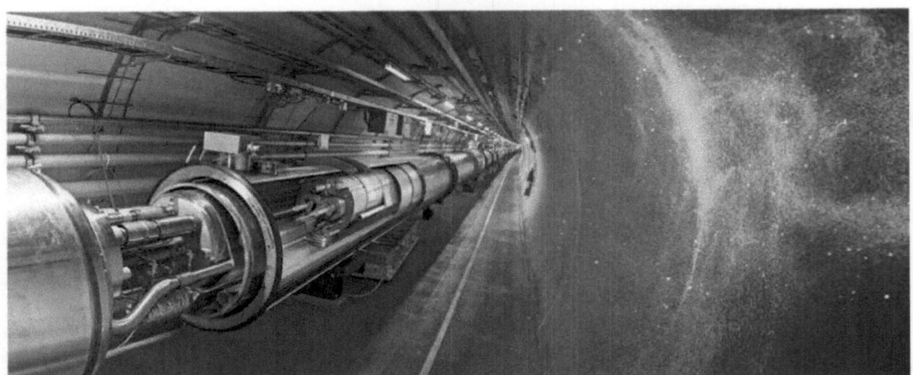

Fig.9 Feixes do LHC (Knapp, Alex, "The Large Hadron Collider Is Back In Action", in

Forbes, 6 de abril de 2015, https://www.forbes.com/sites/alexknapp/2015/04/06/the-large-hadron- collider-is-back-in-action/#1af364fd1e51, acedido em: 27 de setembro de 2017)

1.5. Interdimensionalidade: Fatias, Sombras, Ressonância

A tentativa de traçar os "instantâneos" diagramáticos de fronteiras em evolução, onde não existem barreiras topológicas efectivas, levanta possibilidades interessantes e desafios ainda mais interessantes. Como vimos nos capítulos anteriores, a dimensionalidade em si não é uma mera qualidade representacional ou estética. A "leitura" sistemática da dimensionalidade revela as propriedades e os comportamentos intrigantes do objeto de estudo. Um dos principais problemas ao traçar atractores no espaço de fase, é trabalhar com o paradoxo de lidar simultaneamente com a condição 'elíptica' dos deslocamentos multidimensionais aproximados, juntamente com a excessiva geometria mista das várias 'superfícies de memória'.

Uma das principais dificuldades em traçar atractores no espaço de fase, é a sua inevitável análise geométrica através de deslocações dimensionais aproximadas. O objeto de estudo tem uma ou duas dimensões a menos do que o seu espaço ambiente. Em geral, uma órbita periódica não será visível, a menos que pelo menos um dos seus pontos se encontre na fatia tridimensional do espaço de fase. Daqui resulta que os 'objectos' quadridimensionais do espaço de fase aparecerão tipicamente numa fatia tridimensional do espaço de fase com a sua dimensão reduzida de um grau. As vistas estereoscópicas e o método das fatias são largamente utilizados no caso da "exploração" analítica da quarta dimensão.[69] Uma forma de dimensão superior pode ser "cortada" em "fatias" 3D por um hiperplano projetado que se "desloca" através da forma.[70] Como referido por Steffen Lange et al,

> *... a fatia do espaço de fase tridimensional... é definida pelo espessamento de um hiperplano tridimensional... no espaço de fase*

tetradimensional.[71]

Uma vez que um espaço de fase tetradimensional pode tornar-se indireta e parcialmente observável através de tais deslocações dimensionais aproximadas, a nossa observação situa-se numa "fatia" de menos uma dimensão [Fig.10].

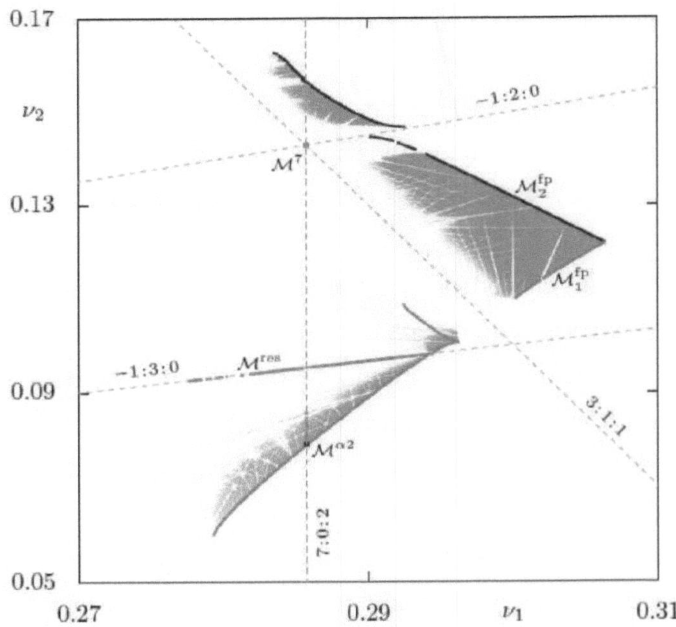

Fig.10 Plano de frequências: As frequências de todos os 2-toros estão marcadas a cinzento. As famílias de 1-toros formam o "esqueleto" da região regular. As maiores lacunas resultam de ressonâncias. O ponto M^7 significa um ponto de colapso. (Lange, Steffen, et al., "Global Structure of Regular Tori in a Generic 4D Symplectic Map", in *Chaos: An Interdisciplinary Journal of Nonlinear Science*, 24 (2), 10 de junho de 2014, p.4)

A instabilidade das órbitas produz trajectórias caóticas, o que torna a sua visualização ainda mais exigente em termos de metodologia e de cálculo. Por exemplo, a projeção 3D de um toro parece distorcida quando se aproxima de uma região caótica (ou de fuga). Os pontos começam a deslocar-se e a dispersar as suas cores na quarta dimensão.[72] Os gradientes de cor suaves dão lugar a uma difusão de cores mistas, auto-intersecções e lacunas, à medida que nos aproximamos da região de fuga. No entanto, ainda não é claro para os cientistas se as auto-intersecções e lacunas específicas representam uma distorção real ou um efeito de projeção [Fig.11].[73]

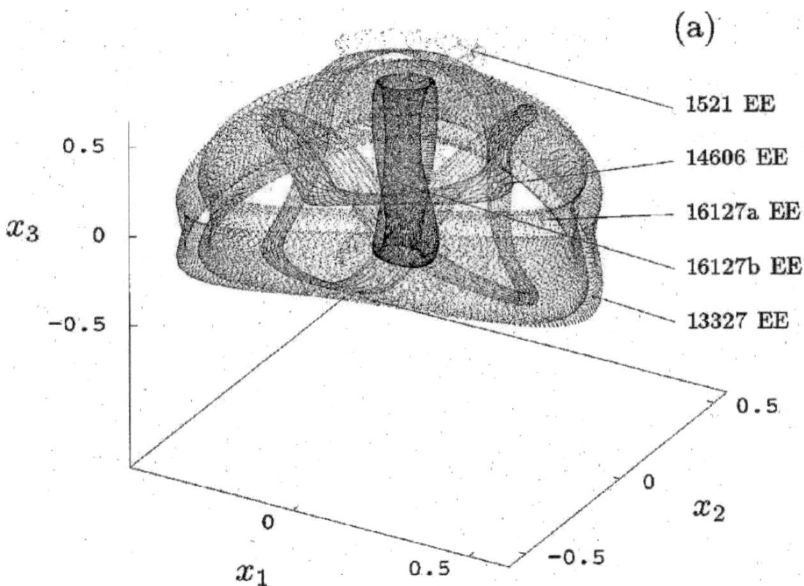

Fig. 11a Projeção de diferentes órbitas periódicas (Vrahatis, Michael N., et al, "Structure and Breakdown of Invariant Tori in a 4D Mapping Model of Accelerator Dynamics", in *International Journal of Bifurcation and Chaos*, Vol.7, No.12, World Scientific Publishing, 1997, p.2714).

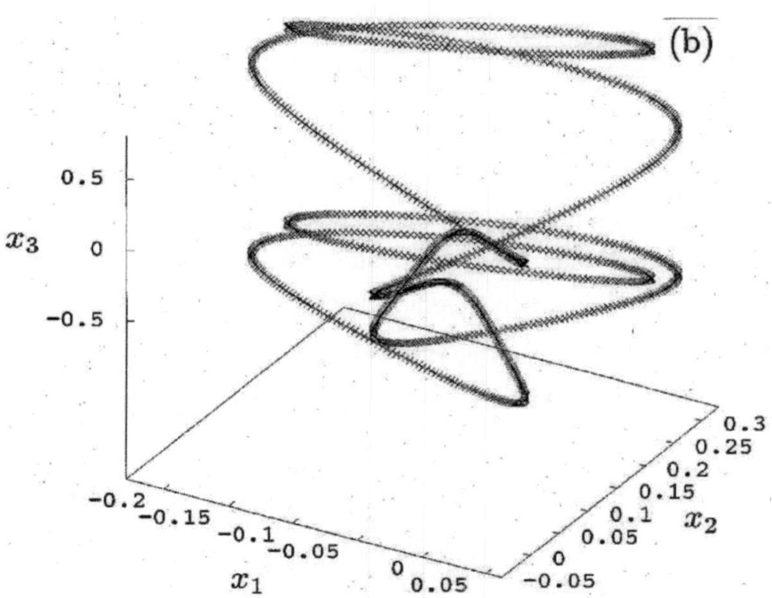

Fig. 11b Projeção de diferentes órbitas periódicas (Vrahatis, Michael N., et al, "Structure and Breakdown of Invariant Tori in a 4D Mapping Model of Accelerator Dynamics", in *International Journal of Bifurcation and Chaos*, Vol.7, No.12, World Scientific Publishing, 1997, p.2714).

Poderão as curvas emaranhadas das órbitas ser totalmente "racionalizadas" através da matriz computacional e subsequentemente armazenadas como uma matriz de conjuntos de dados codificados? Várias distorções, imprecisões e lacunas que afectam a visualização do espaço de fase derivam de uma série de conversões complexas, incluindo as aproximações racionais de números irracionais. Os investigadores que trabalham em aceleradores de partículas, como o Grande Colisor de Hádrons (LHC) do CERN (Conseil Europeen pour la Recherche Nucleaire), enfrentam esses desafios num esforço para retratar a geometria das órbitas no espaço de fase. Têm sido apresentados numerosos relatórios sobre as limitações da computação gráfica interactiva em termos de geração de diagramas eficientes da dinâmica do feixe. Cientistas como Vrahatis notaram um "comportamento imprevisível, dependendo da linguagem de programação e das plataformas".[74] Particularmente complicada tem sido a visualização das órbitas de quarta dimensão. Embora estas sejam normalmente mapeadas através das suas projecções bidimensionais, as suas aproximações lineares são instáveis devido aos grandes valores nas "vizinhanças" das órbitas periódicas [Fig.12]. [75]

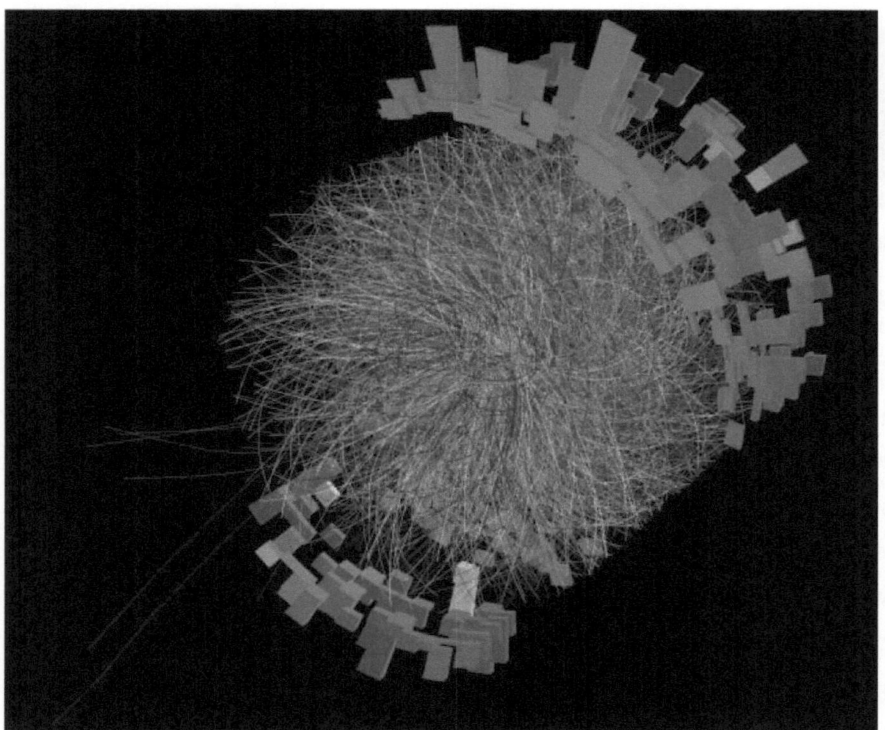

Fig.12a Uma colisão entre dois iões de chumbo registada durante a experiência ALICE no LHC (F.Ronchetti in CERN, *CERN Courier: A 30-year Adventure with Heavy Ions*, 17 de março de 2017, http://cerncourier.com/cws/article/cern/68133, acedido em 27 de setembro de 2017): 27 de setembro de 2017).

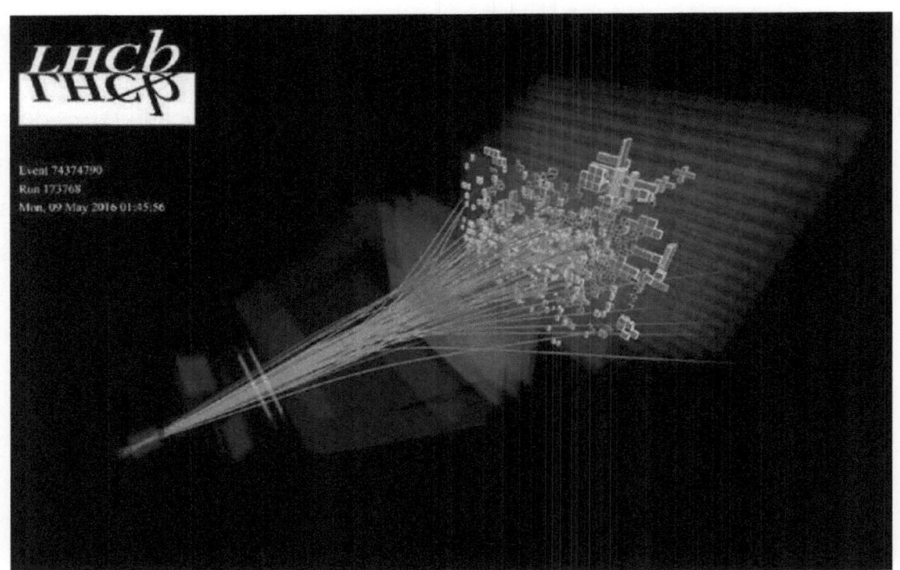

Fig.12b Localizar o barião (Grossman, Lisa, "LHC Sees Matter and Antimatter Misbehaving in Alternate Particle", in *New Scientist*, 6 de fevereiro de 2017, https://www.newscientist.com/article/2120459-lhc-sees-matter-and-antimatter-misbehaving-in-alternate-particle/, acedido em: 27 de setembro de 2017).

Particularmente exigente e importante é a questão da animação de atractores "caóticos" em sistemas dinâmicos tridimensionais, juntamente com as suas bifurcações. Ralph H. Abraham, o diretor fundador do Visual Math Institute em Santa Cruz, Califórnia, apresentou uma série rica de animações deste tipo, incluindo os atractores estranhos de Sprott e a sua visualização através do método das "lanternas chinesas" com a ajuda de uma grelha de voxels uniforme. A grelha é constituída por 1.000.000 voxels. Uma "lanterna (sprite)" é colocada em cada voxel com um ou mais "hits". As cores são utilizadas para indicar o grau específico de densidade, dependendo do número de pontos de trajetória que ocupam cada voxel. A densidade mais baixa é assinalada a azul, enquanto a densidade mais elevada é assinalada a vermelho [Fig.13]. [76]

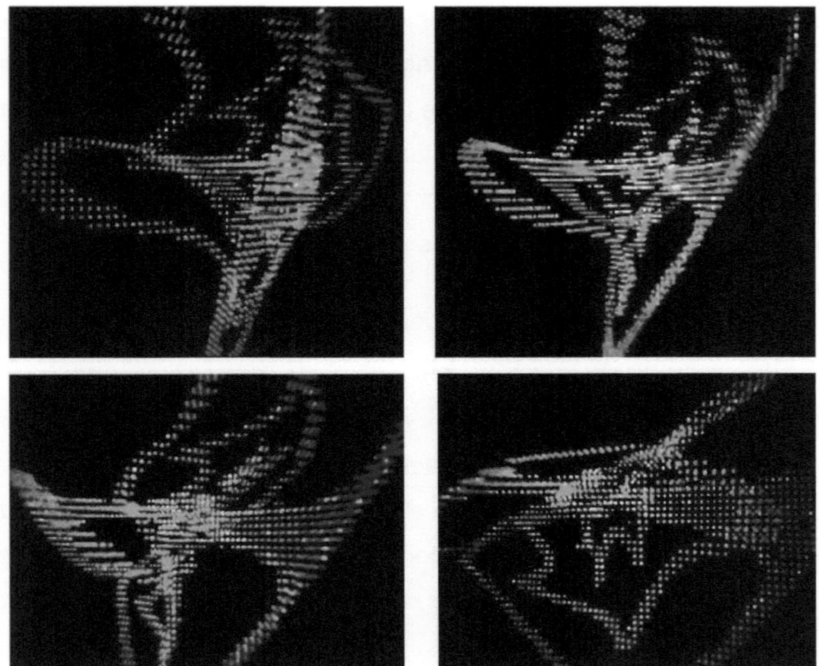

Fig.13 Um atrator de Sprott visto de vários ângulos (Abraham, Ralph H., *The Chaos 3D Movie Theatre*, Visual Math Institute, Santa Cruz, Califórnia, 17 de outubro de 2014, http://www.visual-chaos.org/chaos-movies/webgl-iterations.html, acedido em: 11 de setembro de 2017).

Processadas através da grelha reguladora de um espaço virtual tão profundo, as órbitas caóticas parecem estar "suspensas" como uma estrutura luminosa de gotas de água. À medida que a estrutura de voxel é rodada, a sua dimensionalidade e profundidade perspetival alteram-se. As "lanternas" emergentes parecem expandir-se e contrair-se em várias arquitecturas interescalares com padrões baseados em pontos ou linhas. À medida que a dinâmica invisível gera pontos de colisão saturados, a estrutura de voxel "oscila" entre um mosaico de cores gradientes e uma rede de densidade variável.

A investigação científica mais recente centra-se nos novos fenómenos complexos que se manifestam em dimensões superiores. No entanto, como concluíram investigadores como Lange, "continua a faltar uma descrição completa das estruturas do espaço de fase e da sua geometria para sistemas de dimensão superior". [77] As limitações cruciais foram exaustivamente investigadas e relatadas em pormenor por Vrahatis et al. na sua investigação sistemática sobre os mapeamentos tetradimensionais da dinâmica dos aceleradores, como se segue:

> *... pressupostos sobre a fronteira... quais são estes "limites" do movimento limitado e como é que a fuga das órbitas está relacionada com a rutura dos toros invariantes perto destes limites? ... como podemos determinar onde se situam as regiões caóticas de pequena escala e que ferramentas podemos utilizar para estudar as suas propriedades? ...as condições exactas de rutura do toro continuarão a ser-nos desconhecidas.* [78]

Estas questões não requerem apenas uma investigação científica mais aprofundada. Também inspiram novas formas de pensar os campos de força, o espaço de fase e o desenho na intersecção contemporânea da ciência, tecnologia e arte.

Através da diagramação fase-espaço, os cientistas tentam traçar "fases" de exatidão matemática e funcionalidade. No meio de dinâmicas precariamente complexas, os elementos básicos do desenho (ponto, linha e plano) ganham um significado diferente. À medida que nos aproximamos do real e dos extremos da física, as três e mais dimensões ganham velocidade e outros comportamentos. As "superfícies" semi-transparentes dos discos compostos, com as suas mudanças de dimensão de Mobius, parecem ser desenhadas a partir das órbitas de partículas cada vez mais "caóticas" que atravessam o hipotético plano de frequência. A densidade dessas superfícies varia consoante o excesso ou a falta de informação resultante do "diálogo" ou da tensão entre as flutuações do campo de forças, as conversões de números irracionais, as morfologias de bifurcação e os "limites" emergentes das órbitas. Os elementos morfológicos das fases estatísticas do espaço devem ser entendidos como tal apenas de forma simbólica e temporária. A sua própria essência difere até da sua própria ressonância e de outros subprodutos.

Através de uma mudança radical na nossa compreensão do desenho e da visualização, seria possível atuar sobre, ou mesmo ultrapassar, os limites do paradigma de visualização baseado na estereografia, para desenvolver novos modos de desenho e diagramação com a ajuda da tecnologia digital. À medida que a densidade frágil da exatidão computacional, as geometrias transitórias e a elegância algébrica são utilizadas num esforço mais ou menos elusivo para captar instâncias de complexidade infinitesimal, novos tipos de delineação indireta inspirariam um envolvimento filosófico e criativo aprofundado com o espaço como fase.

Capítulo 2

A arte e o campo de forças

2.1. Abstração da teoria de campo

Os avanços científicos na teoria dos campos, nos processos aleatórios e na computação gráfica fizeram avançar o crescimento da abstração e a pesquisa visual de "complexidades inacessíveis" (Capítulo 2.2). Este desenvolvimento é particularmente notado na arte dos anos noventa e cinquenta e noventa e setenta, embora a série de pinturas *Pier and Ocean* de Piet Mondrian (1914-1915) seja um dos primeiros casos de "quebra" do elemento pictórico básico da linha para colocar em primeiro plano a passagem de fluxos.[79] Pode argumentar-se que, à medida que os artistas conseguem ter uma visão mais sofisticada do curso da ciência, a passagem à abstração não significa uma mera "destruição" da forma, mas sim o envolvimento (visual, programático, etc.) dos artistas com os vários sistemas de "campos de forças". A "investigação da realidade" dos artistas desafia o objeto e os mecanismos de perceção, bem como os limites da própria arte. [80]

Um dos principais resultados do diálogo entre a teoria de campo e a arte é que o "fenómeno do visual está imerso no fenómeno da energia", tal como descrito por Brett, com particular referência ao trabalho de Alexander Calder e Georges Vantongeloo.[81] A obra de Calder é um dos casos mais característicos desta passagem à abstração, pois "passou de um sistema de representação para um sistema de forças que actuam no espaço-tempo", como explica Guy Brett. [82] Apesar dos interesses cosmológicos de Calder, o escultor chamou a atenção dos artistas para o facto de não se tornarem ilustradores da ciência.

Inspiradas nos fluxos plasmáticos, incluindo a radiação e os fenómenos electromagnéticos, as esculturas de Vantongerloo podem ser entendidas como uma tentativa criativa de "transcrição de forças e energias diretamente na superfície" (se é que isso é possível); uma improvisação sobre as "variações livres do modelo do átomo", como diz Brett.[83] Certas morfologias familiares de atractores e toros podem ser decifradas nas esculturas de perspex de Vantongerloo. O perspex - um novo material na altura - só pode ser modelado a temperaturas muito elevadas [Figs.14-18].

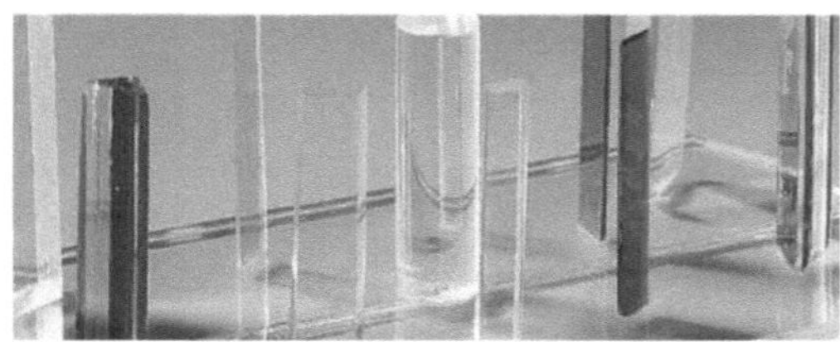

Fig.14 Georges Vantongeloo, *Several Elements,* 1960, prismas de perspex de cor primária (in *WikiArt*, https://www.wikiart.org/en/georges-vantongerloo, acedido em: 27 de setembro de 2017).

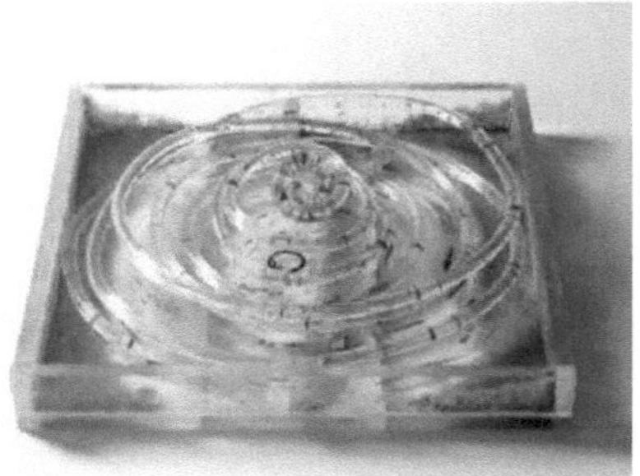

Fig.15 Georges Vantongeloo, *Undetermined Element,* 1955, perspex pintado (in *WikiArt*, https://www.wikiart.org/en/georges-vantongerloo, acedido em 27 de setembro de 2017): 27 de setembro de 2017).

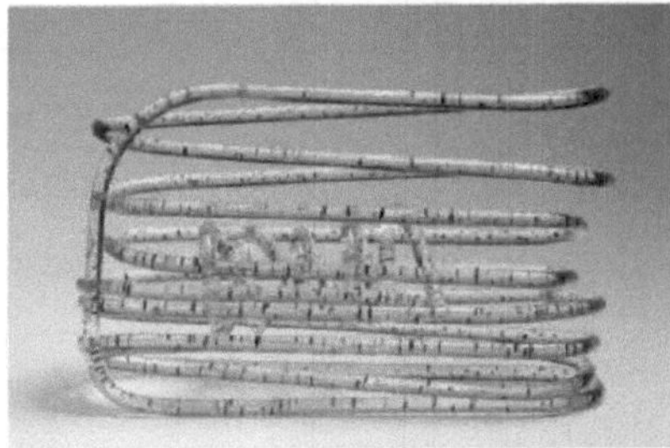

Fig.16 Georges Vantongeloo, *Space Segment,* 1953, perspex pintado (in *WikiArt*, https://www.wikiart.org/en/georges-vantongerloo, acedido em 27 de setembro de 2017): 27 de setembro de 2017).

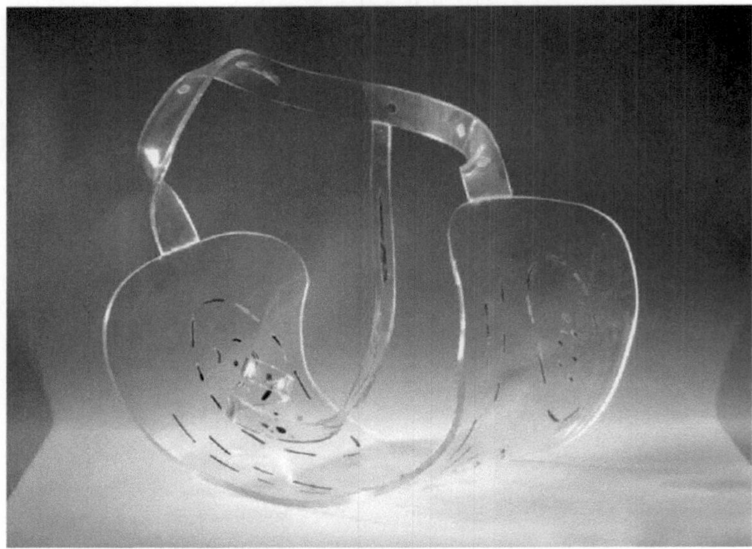

Fig.17 Georges Vantongeloo, *Forms and Colours in Space,* 1950, perspex pintado (in *WikiArt*, https://www.wikiart.org/en/georges-vantongerloo, acedido: 27 de setembro de 2017).

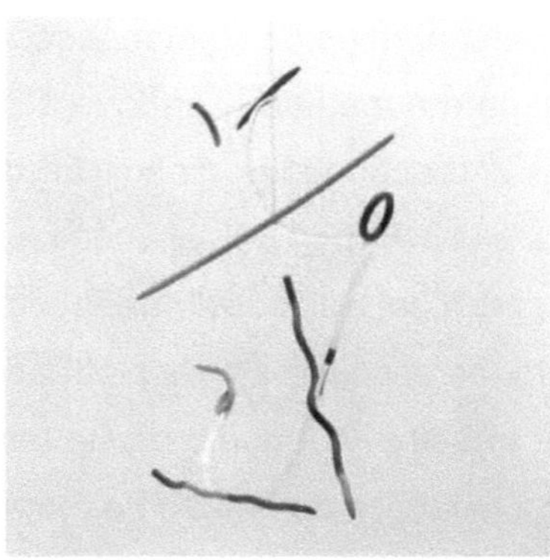

Fig.18 Georges Vantongeloo, *Colours in Space,* 1946, perspex pintado (in *WikiArt*, https://www.wikiart.org/en/georges-vantongerloo, acedido em 27 de setembro de 2017): 27 de setembro de 2017).

Estas "esculturas" têm as marcas da pintura à mão livre, geralmente de cores primárias. Ao confundirem-se com as arestas e sombras reais do perspex, as linhas, pontos, círculos e gradientes pintados assemelham-se a fluxos "suspensos" no espaço. No entanto, existe uma "elipse", uma "tensão" não resolvida entre os elementos pictóricos e escultóricos da obra. Esta falta de integração implica um oximoro: a "forma" incerta do fluxo dinâmico suspenso como um sólido inerte. Brett observa que a obra marca a passagem para um tipo diferente de abstração:

> *... do "construtivismo", da aplicação confiante da medição espacial e da racionalização da forma, à procura de energias invisíveis e intangíveis...* [84]

Através dos novos materiais e formas, Vantongerloo pretende envolver-se no paradoxo da observação relacionado com as operações dos campos de força intangíveis e invisíveis, com as suas transformações inconcebíveis que inevitavelmente desfiguram o nosso conceito familiar de forma.

Parece que as obras transparentes de Vantongerloo permanecem limitadas a uma abordagem baseada em materiais, em que a cor é um complemento, sem as suas dimensões e propriedades dinâmicas de espaço de fase. Tal como em *Colours in Space* (1946) [Fig.18], elementos pictóricos como pontos e curvas podem parecer "concretizados" nas esculturas suspensas de Vantongerloo. No entanto, as esculturas e as pinturas devem ser entendidas como um único corpo de trabalho, em que o artista tenta retratar as "arestas" e intersecções visíveis da dinâmica do campo de forças em interação e a sua ressonância. Pinturas lineares como *Variant* (1939) [Fig.19] parecem estabelecer um precedente para o desenho dos anos noventa e cinquenta e noventa e setenta, onde os "sinais" voltam a ser "traços".[85]

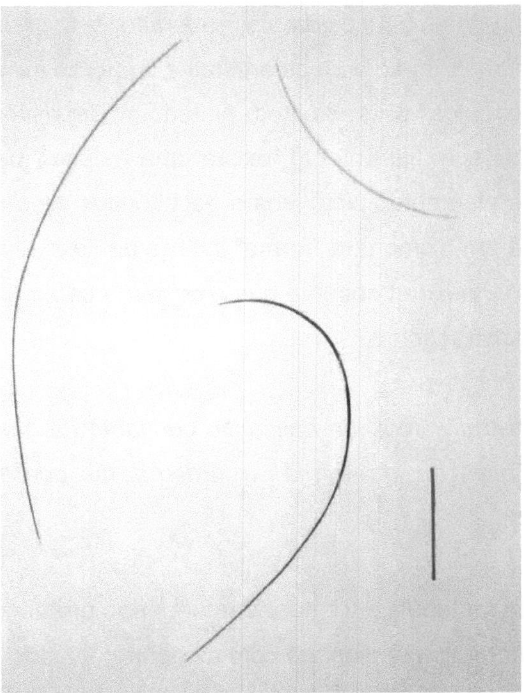

Fig.19 Georges Vantongeloo, *Variant*, 1939, óleo sobre masonite (in Brett, Guy, "The Century of Kinesthesia", in Brett, Guy, ed., *Force Fields: Phases of the Kinetic*, Hayward Gallery, Londres, 1999, p.74).

2.2. A arte programada como um campo ativo

2.2.1. Electro-traçagem

Toda uma taxonomia de geometria de sinais transitórios pode manifestar-se no traçado em tempo real de feixes de electrões através de gráficos analógicos. Este "electrotracing", que deriva da experimentação científica, tem sido objeto de vários projectos de arte computacional desde os anos noventa e cinquenta. Os oscilógrafos de raios catódicos têm uma longa tradição em ecrãs de controlo utilizados em engenharia eléctrica e como meio de saída em computadores analógicos. Houve esforços para captar essas ondas de electrões tal como se manifestam em geradores de ondas sinusoidais e geradores aleatórios, como em *Oscillon No.4* (1950) de Ben F. Laposky [Fig.20] e *Oscillograms* (1956) de Herbert W. Franke [Fig.21].[86]

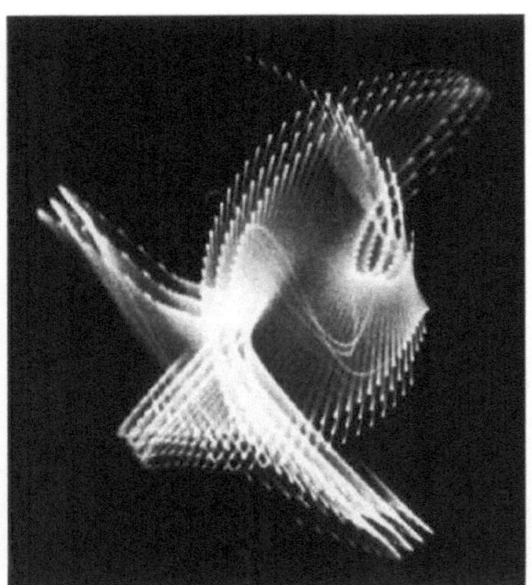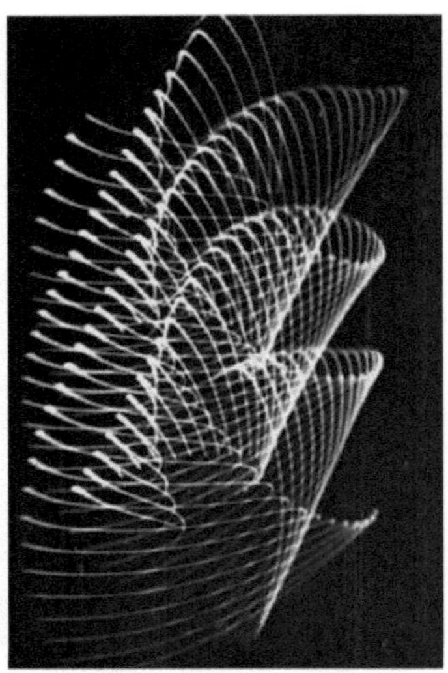

Fig.20 Ben Laposky, *Oscillon No.4*, 1950. Fig.21 Herbert Franke, *Oscillograms,*1956.

(Dreher, Thomas, "History of Computer Art", in *IASL Online*, Universidade de Munique, agosto de 2015, http://iasl.uni-muenchen.de/links/GCA.pdf, acedido: 24 de março de 2016).

Um dos mais recentes projectos deste tipo foi o *Cyclo* de Ryoji Ikeda (19992000) [Fig.22]. *Cyclo* foi um projeto de investigação em colaboração com Carsten Nicolai sobre a forma como as ondas sonoras podem ser visualizadas em tempo real. É criado um índice de fragmentos de som, mostrando como os bits de som podem ser medidos e analisados visualmente em tempo real. O artista utilizou equipamento de monitorização de imagens estéreo originalmente desenvolvido para a correlação de fases na masterização de discos de vinil. A fase e a amplitude dos sinais estéreo foram visualizadas, incluindo as frequências que ultrapassam o alcance físico da audição humana.[87] O meticuloso "traçado" e classificação de cada sinal mapeia cada mudança infinitesimal do fluxo sonoro. Entre as morfologias familiares entre atractores e bifurcações, formam-se 'superfícies' a partir das variações quânticas de reverberações (ou 'memória' sonora), 'afterimages' complementares, emaranhamento saturado e ruído visual. Através de um labirinto de transformações, os contornos elípticos parecem acabar em recintos bidimensionais aparentemente simples. No entanto, esta geometria tem os seus próprios comportamentos "profundos" e generativos que não podem ser totalmente rastreados e analisados, uma vez que o todo é mais do que a soma das suas partes.

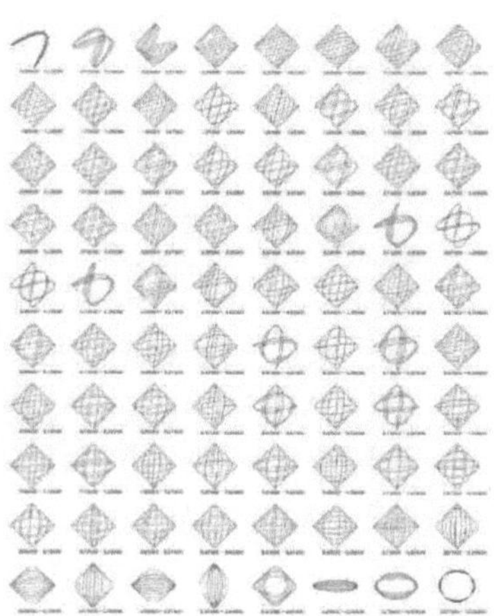 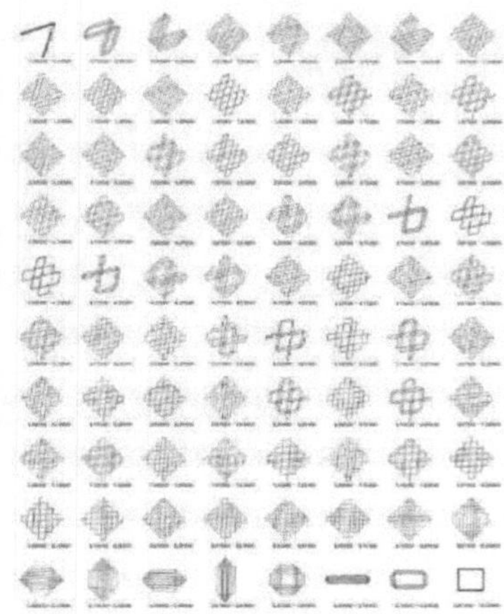

Fig.22a Ryoji Ikeda e Carsten Nicolai, *Cyclo,* 1999-2000, diagramas de sinais sonoros (em Nicolai, Carsten, *Grid Index,* Gestalten, 2009).

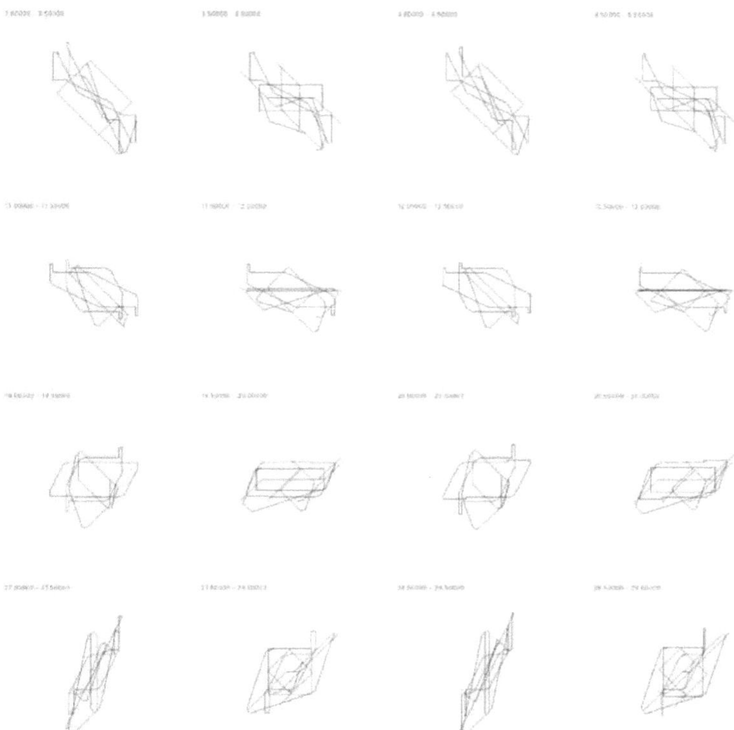

Fig.22b Ryoji Ikeda e Carsten Nicolai, *Cyclo,* 1999-2000, diagramas de sinais sonoros (in Ikeda, Ryoji, Official Website, "Cyclo", 2000, http://www.ryojiikeda.com/project/cyclo/, acedido em 29 de agosto de 2017): 29 de agosto de 2017).

2.2.2. Campos estatísticos de transicionalidade

Os "volumes" estatísticos que emergem de dinâmicas complexas dificultam os nossos esforços para copiar o que é visível, desafiando assim não só a tradição pictórica mas também a tradição retiniana da arte. À luz dos avanços da física nuclear e da tecnologia da informação, foram desenvolvidas novas formas de arte para lidar com as relações entre sinal e traço, materialidade e imaterialidade, atualidade e potencialidade. Para esse efeito, o desenho, enquanto sistema de investigação visual e concetual, foi associado à matemática, à electrofísica e à poética.

A Arte Programmata (Arte Programada, 1962) baseava-se na "ideia da obra como campo ativo de acontecimentos sistematizados e, no entanto, imprevisíveis", como explica Francesca Pola.[88] O Gruppo T, um dos primeiros grupos de Arte Cinética, fundado pelo artista Gianni Colombo, deu início ao que Umberto Eco e Bruno Munari definiram em 1961 como Arte Programmata, uma sinergia de ciência, poesia, arte e cibernética. [89] Como Eco escreve no seu manifesto, os artistas criam agora "'campos de acontecimentos' nos quais podem ocorrer processos aleatórios". [90] Ao contrário da investigação científica, a arte programada não obedece ao paradigma científico. Os artistas não devem ilustrar ou imitar a ciência. Em vez de simplesmente "transcrever", "suspender" ou "solidificar" dinâmicas conhecidas, a Arte Programada torna-se ela própria um sistema ou um processo que "ativa" novos campos de potencialidade. Como explica Eco:

> ...[a arte] *não consistia em ser a expressão de uma lei cujo fundamento permanecia imutável e intangível, mas numa espécie de "função proposicional" segundo a qual ela tentava continuamente a aventura da mutabilidade, seguindo determinadas linhas de orientação...* [91]

O que tem sido particularmente importante para a identificação dos parâmetros das novas formas de arte é a introdução de Eco à "Obra Aberta" (1962), baseada na noção de "campo" tal como definido na física. A sua teoria tem sido seminal também para a teoria da informação, a arte contemporânea e o design. [92] Devido à redefinição científica do "campo", toda a relação entre causa e efeito tem vindo a mudar. Consequentemente, à medida que o significado de "causalidade" está a mudar, as noções de complexidade, "aleatoriedade" e "caos" também são redefinidas. Uma vez que a forma se torna "um campo de possibilidades", Eco redefine a arte como a "metaforização estrutural de uma certa visão das coisas".[93] Há casos como o de François Morellet, em que se pode conceber um "sistema imaginário, um programa, que nunca poderia ser totalmente realizado fisicamente", sem abandonar completamente o objeto. [94] Como explica Gerhard Von Graeveniz na sua *Declaração* (1965) relacionada com as novas tendências artísticas, "os objectos são estruturas: redes de ligações de elementos ou processos simples".[95]

Um dos aspectos mais importantes da utilização da tecnologia da informação na arte tem sido a expansão da investigação visual através da descoberta de novos vocabulários de morfologias e comportamentos anteriormente inconcebíveis que desafiam a lógica e os processos estabelecidos do fazer artístico. Como explica Boris Kelemen,

> *... um computador pode resolver complexidades de outro modo completamente inacessíveis... [Isto é importante para a expansão do problema da investigação visual e também para a descoberta de dimensões ainda quase desconhecidas.*[96]

Pode argumentar-se que a tecnologia da informação também pode gerar "complexidade inacessível" através do seu próprio funcionamento algorítmico.[97] Para além de permitir uma pesquisa sistemática do "visual", a incerteza do sinal é também parte integrante da criação de arte, como se pode ver no trabalho de artistas contemporâneos como Nina Canell.[98]

O que é crucial na estética da informação é a relação entre a estrutura de um programa e a perceção visual da sua apresentação. Esta relação é descrita por Karl Otto Gotz como uma "relação estatística". [99] Definida como a nova base teórica para a arte, a estética da informação deriva da síntese de diferentes abordagens, incluindo a teoria da informação de Claude Shannon, a "Medida Estética" de George David Birkhoff, a semiótica de Charles Sanders Pierce e a cibernética de Norbert Wiener.[100] A estética da informação é um aspeto fundamental da arte generativa e da cibernética. Pode dizer-se que a estocástica e a combinatória foram os fundamentos da estética da informação.[101] No entanto, esta "estética" deve ultrapassar um mero contexto experimental, uma vez que a arte não ilustra nem imita a ciência.

Na arte programada inicial, como em *Walk Through Raster* (1966) de Frieder Nake [Fig.23], a ênfase é colocada nas "probabilidades de transição", para permitir "trocas de sinais" num campo computacional dominado por matrizes. No entanto, devido à abstração e ao ruído inerentes à computação gráfica, as transições são tudo menos suaves, uma vez que as trocas de signos entre as computações heterogéneas estão a tornar-se cada vez mais imperfeitas.[102] Haverá uma inevitável "destruição do repertório visual básico", à medida que chegarmos à distribuição de probabilidades e aos campos raster, ou seja, ao nível mais baixo de computação. [103] Nos processos de pré-seleção de uma aplicação, as contradições não resolvidas entre a estatística e a topologia - juntamente com os seus subprodutos, incluindo a abstração, o excesso, o ruído, a desorientação, as "fugas" e os "fantasmas" - inspiram uma investigação aprofundada das "probabilidades de transição" no "campo de forças" informacional, redefinindo a relação entre "sinal" e "traço".

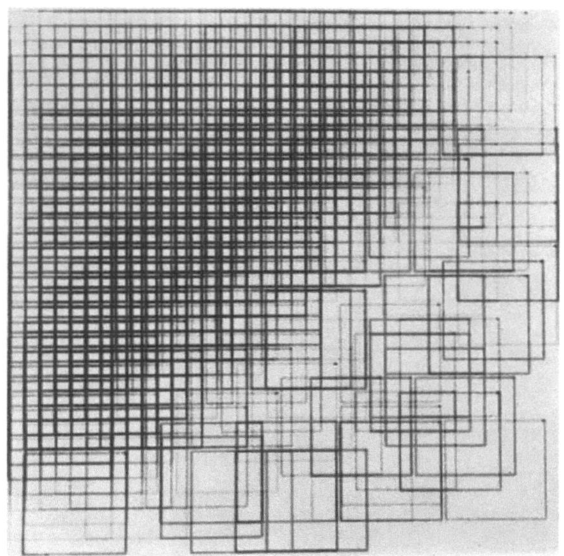

Fig.23 Frieder Nake, *Walk Through Raster (Series 7.1)*, 1966, desenho de plotter em quatro cores, (in Dreher, Thomas, "History of Computer Art", in *IASL Online*, Universidade de Munique, agosto de 2015, http://iasl.uni-muenchen.de/links/GCA.pdf, acedido: 24 de março de 2016).

A relação da matemática com a abstração e o "inconcebível" tem sido o tema de projectos de arte eletrónica contemporânea como *u, e, 0* (2017) de Ikeda [Fig. 24]. O artista centra-se na expressão matemática do infinito através de uma tentativa de "visualizar" três constantes matemáticas cruciais: "я" (pi) para a razão entre a circunferência de um círculo e o seu diâmetro; "e" para a base do logaritmo natural; "0" (phi) para a razão áurea: a+b/a = a/b, todas elas infinitas. Com a utilização deste vocabulário matemático, o artista procura apresentar o infinito de uma forma visual. Estas constantes são visualizadas exaustivamente em expressões decimais que atingem 1,25 milhões de dígitos por peça, aparecendo como uma superfície monocromática quando vista à distância. [104] Estas "aparições", para além da compreensão ou experiência humana, formam a "superfície" aritmética do modelo matemático do infinito.

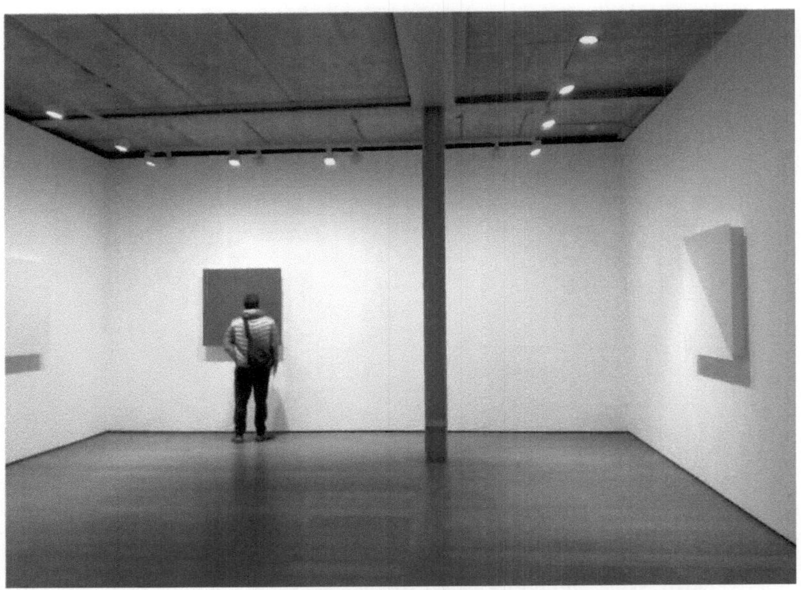

Fig.24a Ryoji Ikeda, *u, e, 0*, impressão de pigmento sobre papel, 2017, (Almine Rech Gallery, *Ryoji Ikeda, u, e, 0,* (exposição), Almine Rech Gallery, Londres, 6 de abril - 20 de maio de 2017. Imagem de Eugenia Fratzeskou).

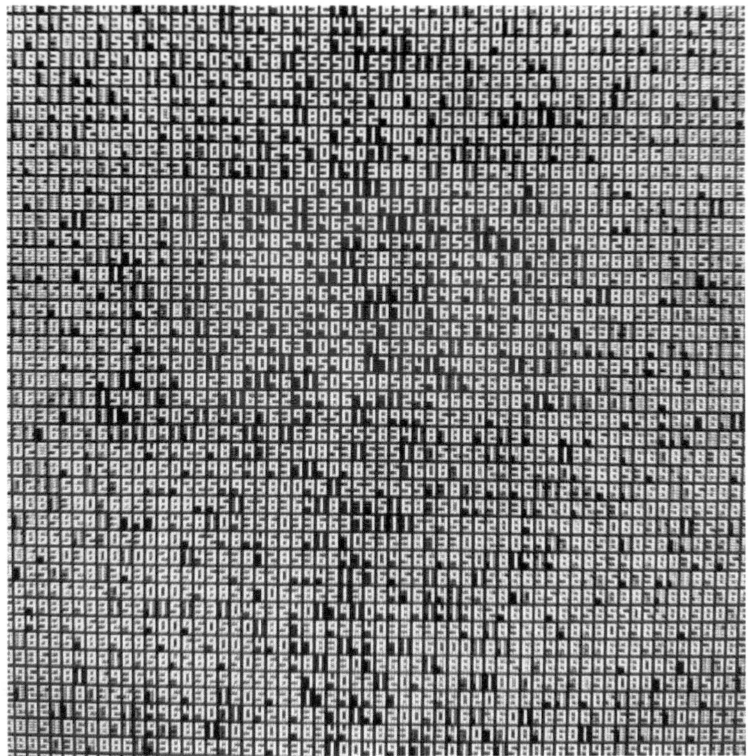

Fig.24b Ryoji Ikeda, *π, e, 0* (pormenor), impressão de pigmento sobre papel, 2017, (Almine Rech Gallery, *Ryoji Ikeda, π, e, 0,* (exposição), Almine Rech Gallery, Londres, 6 de abril - 20 de maio de 2017. Imagem de Eugenia Fratzeskou).

2.3. Inter-superfícies

Como poderíamos experimentar o espaço de fase com a sua dinâmica complexa, atractores, bifurcações e crises de limites, como um ambiente? Como poderia esta condição ser visualizada através da ativação do complexo "ambiente" algorítmico do projeto de arquitetura?

Em vez de tentar traçar "fases" de exatidão matemática e funcionalidade, a ênfase é colocada numa "delineação" indireta das impurezas intermédias do "espaço-fase". O objetivo, portanto, não é ilustrar, solidificar, "transcrever" forças diretamente "numa" "superfície", criar objectos ou qualquer outro tipo singular de resultado. Tal como foi discutido nos capítulos anteriores, elementos simples, como linhas, pontos e planos, não podem ser tomados como garantidos. Estes elementos foram radicalmente redefinidos como estados intrínsecos e geradores de um ambiente computacional de estatística mista. O objetivo deve ser gerar os "campos" apropriados onde seja possível desvendar os "subprodutos" das várias camadas computacionais em interação do "ambiente" algorítmico em aplicações de modelação digital.

A série de modelação 3D *Inter-Surfaces* (2017) [Fig.25] revela mudanças inesperadas entre diferentes tipos de geometria, desafiando os limites da modelação digital baseada em volumes. A presença de complexidade computacional com as propriedades geométricas e estruturais inesperadas resultantes pode ser revelada visualmente através da aplicação de transformações geométricas simples de valores extremos a seis "sólidos" de cor primária montados como um cubo. Os sólidos são hierarquicamente ligados entre si pela operação aparentemente simples, mas computacionalmente exigente, da intersecção booleana. [105] A transparência dos volumes digitais expõe a complexidade dinâmica do ambiente de modelação sob a aparente inércia e estabilidade da sua "superfície". A geometria intersticial dos volumes estatísticos manifesta-se, à medida que as representações dos limites se tornam cada vez mais complicadas com a sua saturação informativa gradiente, polígonos de orientação mista, tensão superficial, auto-intersecções, lacunas e linhas de triangulação transitórias.[106] Um "horizonte" mutável esbate as fronteiras entre probabilidade, impossibilidade e potencialidade. A arquitetura distópica é gerada através da mudança de cortes interdimensionais, sombras e ressonância, inspirando novas perspectivas e inovação na arte e no design.[107]

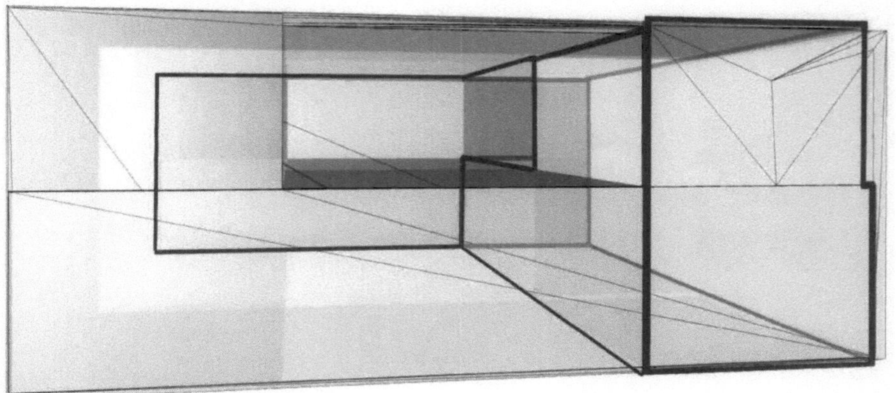

Fig.25a Eugenia Fratzeskou, *Inter-Surfaces,* 2017, série de modelação digital 3D exposta no *Festival* 9th *Espacio Enter Canarias* (Arte e Ciência Inovação: Arte Generativa), agosto de 2017, Museu TEA, Tenerife, Canárias, Espanha.

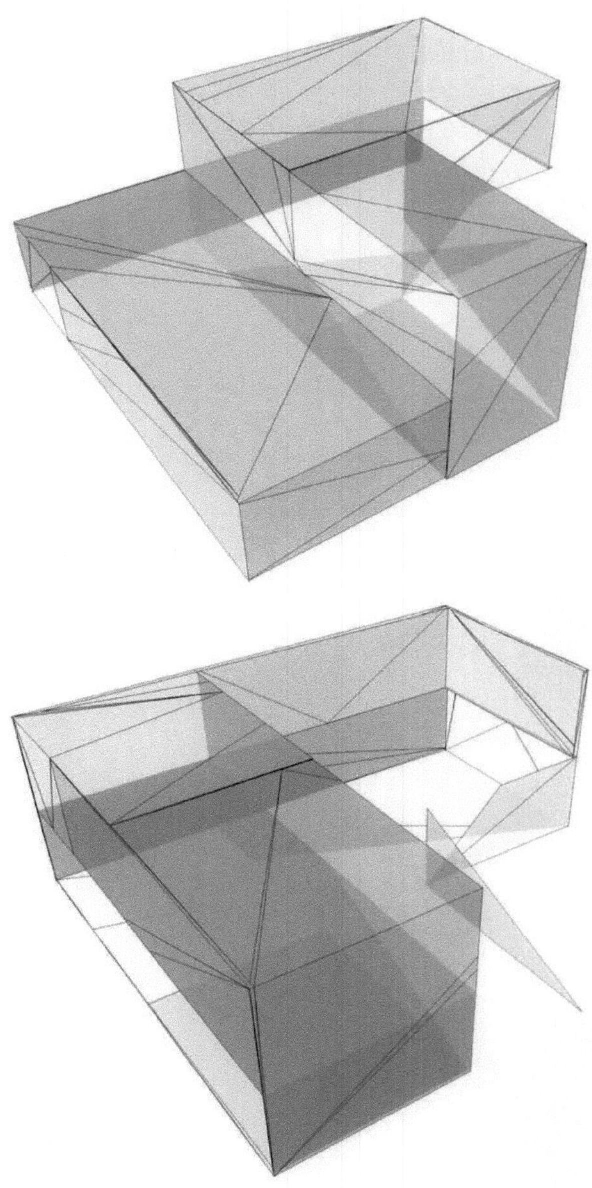

Fig.25b Eugenia Fratzeskou, *Inter-Surfaces*, 2017, série de modelação digital 3D exposta no *Festival* 9th *Espacio Enter Canarias* (Arte e Ciência Inovação: Arte Generativa), agosto de 2017, Museu TEA, Tenerife, Canárias, Espanha.

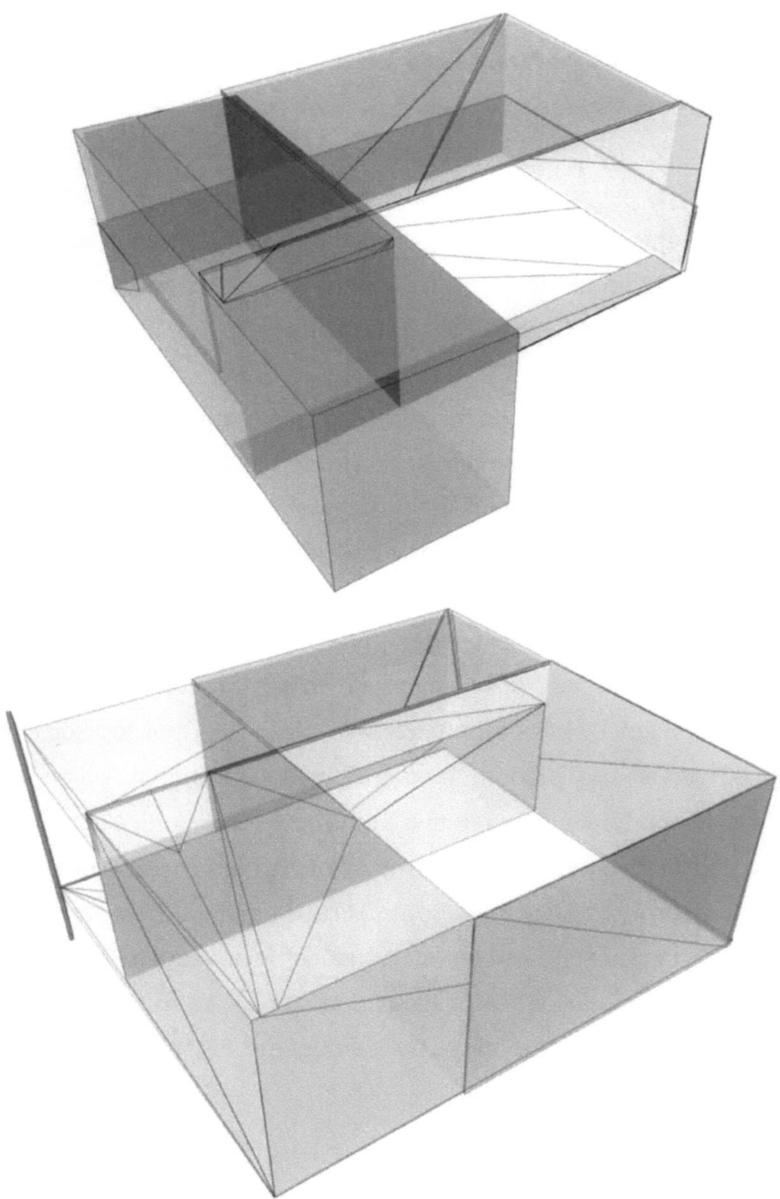

Fig.25c Eugenia Fratzeskou, *Inter-Surfaces*, 2017, série de modelação digital 3D exposta no *Festival* 9th *Espacio Enter Canarias* (Arte e Ciência Inovação: Arte Generativa), agosto de 2017, Museu TEA, Tenerife, Canárias, Espanha.

Conclusão

Uma vez que o desenho atravessa a arte, o design e a ciência, a importância do seu papel como sistema, processo ou campo que permite uma investigação visual e concetual pioneira é ainda mais realçada. Com a ajuda da tecnologia da informação e da computação gráfica, a investigação intercientífica em rápido crescimento de sistemas dinâmicos complexos e do caos tem inspirado a expansão contínua da arte, principalmente em termos de desenvolvimento da abstração e da investigação da visualização.

Uma nova compreensão do espaço de fase permite novos modos de desenho no seu contexto interdisciplinar em evolução. Particularmente inspiradora é a relação evolutiva da matemática com a abstração e o "inconcebível", juntamente com todas as potencialidades e desafios de dar à complexidade e ao caos uma forma geométrica. São inventados tipos indirectos e intrínsecos de delineação para o (esquivo) "scanning" científico das presumíveis "arestas" dos campos de forças em interação. Mesmo os elementos geométricos básicos tornaram-se, assim, estados topologicamente transitivos com a sua própria "memória" interdimensional, potencialidade estatística, comportamento generativo e paradoxo. Os volumes estatísticos da dinâmica complexa dificultam os nossos esforços para copiar o que é visível, desafiando assim não só a tradição artística da pintura, mas também a da retina. As meras "transcrições" ou "suspensões" ficam aquém do esperado, à medida que as "superfícies" estatísticas de potencialidade emergem. A obra de arte tornou-se um campo ativo, uma vez que o fenómeno do visual está "imerso" no fenómeno da energia.

Referências

[1] Vantongerloo, Georges, "To Perceive" (1957), em Hill, Anthony, *Discourse in Art Theory and Aesthetics*, Faber and Faber, 1968.

[2] Lange, Steffen, et al., "Global Structure of Regular Tori in a Generic 4D Symplectic Map", in *Chaos: An Interdisciplinary Journal of Nonlinear Science*, 24 (2), 10 de junho de 2014, p.2. Vrahatis, Michael N., "An Efficient Method for Locating and Computing Periodic Orbits of Nonlinear Mappings", in *Journal of Computational Physics*, 1995, p.116. Fasoli, Ambrogio, et al., "Computational Challenges in Magnetic-Confinement Fusion Physics", in *Nature Physics*, Vol. 12, MacMillan Publishers, maio de 2016, p.418.

[3] Aristóteles, *Metaphysics*, Perseus Digital Library, Tufts University, 10f-1045a, http://www.perseus.tufts.edu/hopper/text?doc=Perseus%3Atext%3A1999.01.0052%3Abook%3D8%3Asection%3D1045a, acedido: 11 de setembro de 2017.

Sardanyes, Josep, sítio Web oficial, ' Dinâmica ', 2015, http://complex.upf.es/~josep/dynamics.html, acedido: 11 de setembro de 2017.

[5] Ibid.

[6] Sivak, Peter, et al., "Some Methods of Analysis of Chaos in Mechanical Systems", in *American Journal of Mechanical Engineering*, Vol.2, No.7, 2014, p.199.

[7] Colaboradores da Wikipédia, "Phase Space", in *Wikipédia, A Enciclopédia Livre*, Wikipédia, 22 de agosto de 2017, https://en.wikipedia.org/w/index.php?title=Phase_space&oldid=796675875, acedido: 4 de setembro de 2017.

[8] Nave, Carl R., *Espaço de Fase: A Framework for Statistics*, Departamento de Física e Astronomia, GeorgiaStateUniversity , US, 2012, http://hyperphysics.phyastr.gsu.edu/hbase/quantum/phase.html, acedido: 10 de outubro de 2015. Encyclopedia of Mathematics, *Phase Space*, Verlag/The European Mathematical Society, revisto: fevereiro de 2011, http://www.encyclopediaofmath.org/index.php?title=Phase_space&oldid=14737, acedido em: 13 de outubro de 2015 (Este artigo foi adaptado de um artigo original de D.V. Anosov (autor), que apareceu na Encyclopedia of Mathematics - ISBN 1402006098). Colaboradores da Wikipédia, "Phase Space," in *Wikipédia, A Enciclopédia Livre*, Wikipédia, https://en.wikipedia.org/w/index.php?title=Phase_space&oldid=691899115, acedido em: 5 de dezembro de 2015. Contribuidores da Wikipédia, "Espaço de Hilbert," in *Wikipédia, A Enciclopédia Livre, Wikipédia*, https://en.wikipedia.org/w/index.php?title=Hilbert_space&oldid=685686974, acedido em: 5 de dezembro de 2015: 5 de dezembro de 2015.

[9] Hartnett, Kevin, "Physicists Uncover Strange Numbers in Particle Collisions", in *Wired Magazine* (originalmente na *Quanta Magazine*, Simons Foundation), 20 de novembro de 2016, https://www.wired.com/2016/11/physicists-uncover-strange-numbers-particle-collisions/, acedido em: 11 de setembro de 2017.

[10] Fuhrmann, Anton, et al., "Collaborative Augmented Reality: Exploring Dynamical systems", em *Proceedings of the 8th Conference on Visualization*, IEEE Computer Society Press Los Alamitos, US, October 18 - 24, 1997, https://www.cg.tuwien.ac.at/research/vr/studierstube/vis97.pdf, acedido: 3 de dezembro de 2016.

[11] Colaboradores da Wikipédia, "Algebraic Geometry," in *Wikipédia, A Enciclopédia Livre*, Wikipédia, 3 de setembro de 2017, https://en.wikipedia.org/w/index.php?title=Algebraic_geometry&oldid=798781324, acedido: 6 de

setembro de 2017.

[12] Hartnett, Kevin "Strange Numbers Found in Particle Collisions", in *Quanta Magazine,* Simons Foundation, 15 de novembro de 2016, https://www.quantamagazine.org/strange-numbers-found-in-particle-collisions-20161115/, acedido: 3 de dezembro de 2016.

[13] Colaboradores da Wikipédia, "Algebraic Geometry," in *Wikipédia, A Enciclopédia Livre,* Wikipédia, https://en.wikipedia.org/w/index.php?title=Algebraic_geometry&oldid=798781324, 2017, acedido: 6 de setembro de 2017.

[14] Hartnett, Kevin "Strange Numbers Found in Particle Collisions", in *Quanta Magazine,* Simons Foundation, 15 de novembro de 2016, https://www.quantamagazine.org/strange-numbers-found-in-particle-collisions-20161115/, acedido: 3 de dezembro de 2016.

[15] Francis Brown em Ibid.

[16]Caratheodory, Constantin, *Algebraic Theory of Measure and Integration,* Chelsea Publishing, New York, 1963, pp. 11, 13-15, 58, 345, 362 (originalmente publicado como Caratheodory, Constantin, *Mass und Integral und ihre Algebraisierung,* Birkhauser, Basel, 1956). Rassias, Themistocles M., ed., *Constantin Caratheodory: An International Tribute,* World Scientific Publishing, Vol.1, 1991, pp. 181-218, 281-311, 344-373, 996-998, 1137 (ver também: 119-141, 289-311, 581-591, 1100-1107, 1120-1145, 1175-1209, 1210-1247, 1270-1303, 1419-1436). Pardalos, Panos M. e Themistocles M. Rassias, eds., *Contributions in Mathematics and Engineering (in Honour of Constantin Caratheodory),* Springer International Publishing, Suíça, 2016, pp. 81-82, 87, 93, 95-116, 107-108. Georgiadou, Maria, *Constantin Caratheodory: Mathematics and Politics in Turbulent Times, Springer* International Publishing, 2004, pp.101, 104-105, 113, 197, 273. Lipordezis, Athanasios, ed., *Newsletter of the "Constantin Caratheodory Friends Association", n.º* 53, Komotini, Grécia, 2016, p.2. Lipordezis, Athanasios, ed., *Newsletter of the "Constantin Caratheodory Friends Association",* n.º 63, Komotini, Grécia, 2016, p.6. Caratheodory- Rodopoulou, Despina e Despina Vlachostergiou-Vasvateki, *Constantinos Caratheodory: The Wise Greek of Munich,* publicações Kaktos, Atenas, 2001, pp. 212, 219-223, 234-235, 238, 260, 263, 265, 267-268. The New Encyclopedia Britannica, "Constantine Caratheodory", 15th edition, Vol. 2, The University of Chicago, Encyclopedia Britannica Inc., US, 1992, p. 842, http://www.britannica.com/EBchecked/topic/94576/Constantin-Caratheodory (entrada online da nova edição), acedida em: 19 de setembro de 2013. Colaboradores da Wikipédia, "Constantin Caratheodory," in *Wikipédia,*   *TheFreeEncyclopedia,* Wikipédia, 2013,

http://en.wikipedia.org/w/index.php?title=Constantin_Carath%C3%A9odory&oldid=588550983, acedido: 13 de setembro de 2013. Boerner, H., "Caratheodory, Constantin", in *Complete Dictionary of Scientific Biography,* 2008, http://www.encyclopedia.com/doc/1G2-2830900784.html, acedido em: 13 de janeiro de 2014.

[17] Caratheodory, Constantin, *Algebraic Theory of Measure and Integration,* Chelsea Publishing, New York, 1963, pp. 11, 13-15, 58, 345, 362 (originalmente publicado como Caratheodory, Constantin, *Mass und Integral und ihre Algebraisierung,* Birkhauser, Basel, 1956). Rassias, Themistocles M., ed., *Constantin Caratheodory: An International Tribute,* World Scientific Publishing, Vol.1, 1991, pp. 181-218, 281-311, 344-373, 996-998, 1137 (ver também: 119-141, 289-311, 581-591, 1100-1107, 1120-1145, 1175-1209, 1210-1247, 1270-1303, 1419-1436). Pardalos, Panos M. e Themistocles M. Rassias, eds., *Contributions in Mathematics and Engineering (in Honour of Constantin Caratheodory),* Springer International Publishing, Suíça, 2016, pp. 81-82, 87, 93, 95-116, 107-108. Georgiadou, Maria, *Constantin Caratheodory: Mathematics and Politics in Turbulent Times, Springer* International Publishing, 2004, pp.101, 104-105, 113, 197, 273. Lipordezis, Athanasios, ed., *Newsletter of the "Constantin Caratheodory Friends Association", n.º* 53, Komotini, Grécia, 2016, p.2. Lipordezis, Athanasios, ed., *Newsletter of the "Constantin Caratheodory Friends*

Association", n.º 63, Komotini, Grécia, 2016, p.6.

[18] Sivak, Peter, et al., "Some Methods of Analysis of Chaos in Mechanical Systems", in *American Journal of Mechanical Engineering*, Vol.2, No.7, 2014, p.199.

[19] Sardanyes, Josep, Sítio Web oficial, "Chaos", 2015, http://complex.upf.es/~josep/Chaos.html, acedido: 11 de setembro de 2017.

[20] Fratzeskou, Eugenia, *Tracing the Shadows of the Real through Interstitial Drawing in Art*, LAP - Lambert Academic Publishing, Saarbrucken, 2015.

[21] Sardanyes, Josep, Sítio Web oficial, "Chaos", 2015, http://complex.upf.es/~josep/Chaos.html, acedido: 11 de setembro de 2017.

[22] Vrahatis, Michael N., "An Efficient Method for Locating and Computing Periodic Orbits of Nonlinear Mappings", in *Journal of Computational Physics*, 1995, p.118. Vrahatis, Michael N., et al., *"A Procedure to Compute the Fixed Points and Visualise the Orbits of a 2D Map"*, CERN - SL Division/93-06 (AP), Genebra, 1 de fevereiro de 1993,

https://www.math.upatras.gr/~vrahatis/papers/other/VrahatisSTB93_CERN_SL_93_06-AP_1993.pdf, acedido em: 8 de novembro de 2016.

[23] Ibid.

[24] Sardanyes, Josep, Sítio Web oficial, "Chaos", 2015, http://complex.upf.es/~josep/Chaos.html, acedido: 11 de setembro de 2017.

[25] Sivak, Peter, et al., "Some Methods of Analysis of Chaos in Mechanical Systems", in *American Journal of Mechanical Engineering*, Vol.2, No.7, 2014, p.199. Em certas experiências do CERN

incluindo o ATLAS 2011, os cientistas observaram que "a presença de uma grande dimensão extra poderia produzir um sinal claro de energia em falta" (CERN (Conseil Europeen pour la Recherche Nucleaire), *CERN Courier*, Vol. 57, No.1, janeiro-fevereiro, 2017, IOP Publishing, p.31).

[26] Gaspard, Pierre, "Rossler Systems", em Scott, Alwyn, ed., *Encyclopedia of Nonlinear Science*, Routledge, Nova Iorque, 2005, p.808.

[27] Vrahatis, Michael N., et al, "Structure and Breakdown of Invariant Tori in a 4D Mapping Model of Accelerator Dynamics", em *International Journal of Bifurcation and Chaos*, Vol.7, No.12, World Scientific Publishing, 1997, p. 2716.

[28] Gaspard, Pierre, "Rossler Systems", em Scott, Alwyn, ed., *Encyclopedia of Nonlinear Science*, Routledge, Nova Iorque, 2005, p.808.

[29] Sardanyes, Josep, Sítio Web oficial, "Chaos", 2015, http://complex.upf.es/~josep/Chaos.html, acedido: 11 de setembro de 2017.

[30] Barrio, Roberto, et al., "Qualitative and Numerical Analysis of the Rossler Model: Bifurcações de Equilíbrios", em *Computadores e Matemática com Aplicações*, n.º 62, Elsevier, 2011, p.4146 (consultar também Sardanyes, Josep, Sítio Web oficial, "Chaos", 2015, http://complex.upf.es/~josep/Chaos.html, acedido: 11 de setembro de 2017).

[31] Sivak, Peter, et al., "Some Methods of Analysis of Chaos in Mechanical Systems", in *American Journal of Mechanical Engineering*, Vol.2, No.7, 2014, pp.199, 203.

[32] Wen, Haoran, *A Review of the Henon Map and its Physical Interpretations*, Instituto de Tecnologia da Geórgia, 21 de abril de 2014, p.7, http://chaosbook.org/projects/Wen14.pdf, acedido em: 15 de março de 2017. Sivak, Peter, et al., "Some Methods of Analysis of Chaos in Mechanical Systems",

em *American Journal of Mechanical Engineering*, Vol.2, No.7, 2014, p.199. Wikipedia Contributors, "Attractor", in *Wikipedia, The Free Encyclopedia*, Wikipedia, 2017, https://en.wikipedia.org/w/index.php?title=Attractor&oldid=799082253, acedido em: 9 de setembro de 2017. Sardanyes, Josep, Site Oficial, "Caos", 2015, http://complex.upf.es/~josep/Chaos.html, acedido: 11 de setembro de 2017.

[33] Wen, Haoran, *A Review of the Henon Map and its Physical Interpretations*, Instituto de Tecnologia da Geórgia, 21 de abril de 2014, p.7, http://chaosbook.org/projects/Wen14.pdf, acedido em: 15 de março de 2017. Sivak, Peter, et al., "Some Methods of Analysis of Chaos in Mechanical Systems", em *American Journal of Mechanical Engineering*, Vol.2, No.7, 2014, p.199. Wikipedia Contributors, "Attractor", in *Wikipedia, The Free Encyclopedia*, Wikipedia, 2017, https://en.wikipedia.org/w/index.php?title=Attractor&oldid=799082253, acedido em: 9 de setembro de 2017.

[34] Sardanyes, Josep, Sítio Web oficial, "Chaos", 2015, http://complex.upf.es/~josep/Chaos.html, acedido: 11 de setembro de 2017.

[35] Vrahatis, Michael N., et al, "Periodic Orbits and Invariant Surfaces of 4D Nonlinear Mappings", em *International Journal of Bifurcation and Chaos*, Vol.6, No.8, World Scientific Publishing, 1996, p.1435.

[36] Vrahatis, Michael N., et al, "Structure and Breakdown of Invariant Tori in a 4D Mapping Model of Accelerator Dynamics", em *International Journal of Bifurcation and Chaos*, Vol.7, No.12, World Scientific Publishing, 1997, p.2719. Lange, Steffen, et al., "Global Structure of Regular Tori in a Generic 4D Symplectic Map", in *Chaos: An Interdisciplinary Journal of Nonlinear Science*, 24 (2), 10 de junho de 2014, *p.4*.

[37] Sivak, Peter, et al., "Some Methods of Analysis of Chaos in Mechanical Systems", in *American Journal of Mechanical Engineering*, Vol.2, No.7, 2014, p.199.

[38] Gaspard, Pierre, "Rossler Systems", em Scott, Alwyn, ed., *Encyclopedia of Nonlinear Science*, Routledge, Nova Iorque, 2005, pp.808-810.

[39] O atrator de Lorenz foi concebido em 1963 para ilustrar o caos determinístico e para a previsão meteorológica. O atrator consiste num sistema dinâmico determinístico não linear tridimensional quando dois sistemas idênticos começam a divergir para um sistema diferente. Esta condição é visualizada como duas espirais entrelaçadas (Sivak, Peter, et al., "Some Methods of Analysis of Chaos in Mechanical Systems", in *American Journal of Mechanical Engineering*, Vol.2, No.7, 2014, pp.199, 201. Gaspard, Pierre, "Rossler Systems", em Scott, Alwyn, ed., *Encyclopedia of Nonlinear Science*, Routledge, Nova Iorque, 2005, pp.808, 810).

[40] Kleinschmidt, Glen, Site Oficial, "Um Circuito Atrator Rossler", outubro de 2013, http://www.glensstuff.com/rosslerattractor/rossler.htm, acedido: 7 de setembro de 2017. Gaspard, Pierre, "Rossler Systems", em Scott, Alwyn, ed., *Encyclopedia of Nonlinear Science*, Routledge, Nova Iorque, 2005, p.808.

[41] Ibid, p.808.

[42] Sardanyes, Josep, Sítio Web oficial, "Chaos", 2015, http://complex.upf.es/~josep/Chaos.html, acedido: 11 de setembro de 2017. No espaço tridimensional euclidiano, a faixa (ou banda) de Mobius é uma superfície não orientável com apenas um lado e apenas um limite (colaboradores da Wikipédia, "Mobius strip", em*Wikipédia, A Enciclopédia Livre*, Wikipédia, 2017,

https://en.wikipedia.org/w/index.php?title=M%C3%B6bius_strip&oldid=800657949, acedido: 25 de setembro de 2017).

[43] Barrio, Roberto, et al., "Análise Qualitativa e Numérica do Modelo de Rossler: Bifurcações de

Equilíbrios", em *Computadores e Matemática com Aplicações*, 62, Elsevier, 2011, pp.4140-4141.

[44]Wikipedia contributors, "Bifurcation", in *Wikipedia, The Free Encyclopedia*, Wikipedia, 2017, *https://en.wikipedia.org/wiki/Bifurcation_theory*, acedido em: 31 de maio de 2017. Blanchard, P., Devaney, R. L., Hall, G. R., *Differential Equations*, Thompson, Londres, 2006, pp. 96-111. Wikipedia contributors, "Catastrophe Theory", in *Wikipedia, The Free Encyclopedia*, Wikipedia, 2017, *https://en.wikipedia.org/wiki/Catastrophe_theory*, accessed: 31 de maio de 2017.

[45] Gaspard, Pierre, "Rossler Systems", em Scott, Alwyn, ed., *Encyclopedia of Nonlinear Science*, Routledge, Nova Iorque, 2005, p.808.

[46] Colaboradores da Wikipédia, "Hopf Bifurcation", em *Wikipédia, A Enciclopédia Livre*, Wikipédia, 2017,

https://en. wikipedia.org/w/index.php?title=Hopf_bifurcation&oldid=797818031,accessed:

7 de setembro de 2017.

[47] Barrio, Roberto et al., "Global Organization of Spiral Structures in Biparameter Space of Dissipative Systems with Shilnikov Saddle-Foci" in *Physical Review: Statistical, Nonlinear, and Soft Matter Physics*, No.84, 2011, p.1.

[48] Colaboradores da Wikipédia, "Henon map," in *Wikipédia, A Enciclopédia Livre,* Wikipédia, 2017, https://en.wikipedia.org/w/index.php?title=H%C3%A9non_map&oldid=797442050,accessed:

9 de setembro de 2017. Colaboradores da Wikipédia, "Diagrama de bifurcação", em *Wikipédia, a enciclopédia livre,*   Wikipédia,   2017,

https://en.wikipedia.org/w/index.php?title=Bifurcation_diagram&oldid=790198079, acedido: 9 de setembro de 2017. Wikipedia contributors, "Logistic map," in *Wikipedia, The Free Encyclopedia,* Wikipedia, 2017, https://en.wikipedia.org/w/index.php?title=Logistic_map&oldid=799188794, accessed: 9 de setembro de 2017.

[49] Gleick, James, *Chaos: Making a New Science*, Penguin Books, Londres, 1987. Colaboradores da Wikipédia, "Logistic map," in *Wikipédia, A Enciclopédia Livre,* Wikipédia, 2017, https://en.wikipedia.org/w/index.php?title=Logistic_map&oldid=799188794, acedido em: 9 de setembro de 2017.

[50] Colaboradores da Wikipédia, "Cantor Set", em *Wikipédia, A Enciclopédia Livre,* Wikipédia, 2017, https://en.wikipedia.org/w/index.php?title=Cantor_set&oldid=801002533, acedido: 10 de setembro de 2017. Wikipedia Contributors, "General Topology", in *Wikipedia, The Free Encyclopedia, Wikipedia,* 2017, https://en.wikipedia.org/w/index.php?title=General_topology&oldid=792581366, accessed: 10 de setembro de 2017.

[51] Sardanyes, Josep, Sítio Web oficial, "Chaos", 2015, http://complex.upf.es/~josep/Chaos.html, acedido: 11 de setembro de 2017.

[52] Wen, Haoran, *A Review of the Henon Map and its Physical Interpretations*, Instituto de Tecnologia da Geórgia, 21 de abril de 2014, p.7, http://chaosbook.org/projects/Wen14.pdf, acedido em: 15 de março de 2017, pp.5-6.

[53] Ibid, pp.5-6.

[54] Ibid, pp.3-4.

[55]Wikipedia contributors, "Bifurcation", in *Wikipedia, The Free Encyclopedia*, Wikipedia, 2017, *https://en.wikipedia.org/wiki/Bifurcation_theory*, acedido em: 31 de maio de 2017. Blanchard, P.,

Devaney, R. L., Hall, G. R., *Differential Equations*, Thompson, Londres, 2006, pp. 96-111. Wikipedia contributors, "Catastrophe Theory", in *Wikipedia, The Free Encyclopedia*, Wikipedia, 2017, *https://en.wikipedia.org/wiki/Catastrophe_theory*, accessed: 31 de maio de 2017.

[56] Del Greco, John, "Dangerous Intersection", Universidade Loyola de Chicago, 13 de outubro de 2012, http://blogs.luc.edu/mathstats/2012/10/13/dangerous-intersection/, acedido: 11 de setembro de 2017.

[57] Barrio, Roberto, et al., "Análise Qualitativa e Numérica do Modelo de Rossler: Bifurcações de Equilíbrios", em *Computadores e Matemática com Aplicações*, No.62, Elsevier, 2011, p.4141.

[58] Ibid, p.4146. Colaboradores da Wikipédia, "Homoclinic orbit," in *Wikipédia, A Enciclopédia Livre*, Wikipédia, 2017, https://en.wikipedia.org/w/index.php?title=Homoclinic_orbit&oldid=739291281, acedido:

12 de setembro de 2017.

[59] Donato, Jerry, "Entropy and Curvature", em Rassias, Themistocles M., ed., *Constantin Caratheodory: An International Tribute*, World Scientific Publishing, Vol.1, 1991, pp. 212-213.

[60] Donato, Jerry, "Entropy and Curvature", em Ibid, pp. 212-213. Davidchack, Ruslan L., et al., "Chaotic Transitions and Low-Frequency Fluctuations in Semiconductor Lasers with Optical Feedback", in *Physica D*, No.145, Elsevier, 2000, p.131.

[61] Barrio, Roberto, et al., "Análise Qualitativa e Numérica do Modelo de Rossler: Bifurcações de Equilíbrios", em *Computadores e Matemática com Aplicações*, n.º 62, Elsevier, 2011, p.4146. Vrahatis, Michael N., et al., "Structure and Breakdown of Invariant Tori in a 4D Mapping Model of Accelerator Dynamics", em *International Journal of Bifurcation and Chaos*, Vol.7, No.12, World Scientific Publishing, 1997, p.2707.

[62] Davidchack, Ruslan L., et al., "Chaotic Transitions and Low-Frequency Fluctuations in Semiconductor Lasers with Optical Feedback", em *Physica D*, n.º 145, Elsevier, 2000, pp.131, 135138, 141.

[63] Fasoli, Ambrogio, et al., "Computational Challenges in Magnetic-Confinement Fusion Physics", em *Nature Physics*, Vol. 12, MacMillan Publishers, maio de 2016, pp.411-412, 418, 420.

[64] Vrahatis, Michael N., "An Efficient Method for Locating and Computing Periodic Orbits of Nonlinear Mappings", em *Journal of Computational Physics*, 1995, p.116. Lange, Steffen, et al., "Global Structure of Regular Tori in a Generic 4D Symplectic Map", in *Chaos: An Interdisciplinary Journal of Nonlinear Science*, 24 (2), 10 de junho de 2014, p.4. Vrahatis, Michael N., et al., "Structure and Breakdown of Invariant Tori in a 4D Mapping Model of Accelerator Dynamics", in *International Journal of Bifurcation and Chaos*, Vol.7, No.12, World Scientific Publishing, 1997, pp. 2707, 2722.

[65] Fasoli, Ambrogio, et al., "Computational Challenges in Magnetic-Confinement Fusion Physics", em *Nature Physics*, Vol. 12, MacMillan Publishers, maio de 2016, pp.418, 420.

[66] Lange, Steffen, et al., "Global Structure of Regular Tori in a Generic 4D Symplectic Map", in *Chaos: An Interdisciplinary Journal of Nonlinear Science*, 24 (2), 10 de junho de 2014, p.4.

[67] Vrahatis, Michael N., "An Efficient Method for Locating and Computing Periodic Orbits of Nonlinear Mappings", em *Journal of Computational Physics*, 1995, p.116. Lange, Steffen, et al., "Global Structure of Regular Tori in a Generic 4D Symplectic Map", in *Chaos: An Interdisciplinary Journal of Nonlinear Science*, 24 (2), 10 de junho de 2014, p.4. Vrahatis, Michael N., et al., "Structure and Breakdown of Invariant Tori in a 4D Mapping Model of Accelerator Dynamics", in *International Journal of Bifurcation and Chaos*, Vol.7, No.12, World Scientific Publishing, 1997, pp. 2707, 2722.

[68] Fasoli, Ambrogio, et al., "Computational Challenges in Magnetic-Confinement Fusion Physics",

em *Nature Physics*, Vol. 12, MacMillan Publishers, maio de 2016, p.421.

[69] Lange, Steffen, et al., "Global Structure of Regular Tori in a Generic 4D Symplectic Map", in *Chaos: An Interdisciplinary Journal of Nonlinear Science*, 24 (2), 10 de junho de 2014, p.2. Vrahatis, Michael N., et al, "Structure and Breakdown of Invariant Tori in a 4D Mapping Model of Accelerator Dynamics", in *International Journal of Bifurcation and Chaos*, Vol.7, No.12, World Scientific Publishing, 1997, p.2707.

[70] Em geometria, um hiperplano é um subespaço de dimensão inferior ao seu espaço ambiente, que divide o espaço ambiente em dois meios-espaços intermutáveis por reflexão. Um hiperplano pode ser definido como uma ferramenta de visualização analítica baseada na aproximação geométrica. Constitui uma superfície geométrica para a delimitação interna indireta de uma forma de dimensão superior, de um ambiente, de um sistema, de um campo de forças, etc. (Fratzeskou, Eugenia, *Meta-Surfaces: Boundary Transmutations in Generative Stratigraphy*, LAP - Lambert Academic Publishing, Saarbrucken, 2017. Fratzeskou, Eugenia, *Tracing the Shadows of the Real through Interstitial Drawing in Art,* LAP - Lambert Academic Publishing, Saarbrucken, 2015, pp.86-87. Brisson, David W., "Hypergraphics: Visualizing Complex Relationships in Art, Science and Technology", em *AAAS Selected Symposium 24,* Washington, 1978, pp. 109-145. Coxeter, H. S. M., *Regular Polytopes*, Methuen and Co., 1948. Beutelspacher, Albrecht e Ute Rosenbaum, *Projective Geometry: From Foundations to Applications*, Cambridge University Press, 1998, p. 10. Weisstein, Eric W., "Hyperplane", in *MathWorld - A Wolfram Web Resource*, http://mathworld.wolfram.com/Hyperplane.html, acedido: 5 de dezembro de 2015. Wikipedia contributors, "Hyperplane," in *Wikipedia, The Free Encyclopedia*, Wikipedia, 2015 https://en.wikipedia.org/w/index.php?title=Hyperplane&oldid=685558320, accessed: 5 de dezembro de 2015).

[71] Lange, Steffen, et al., "Global Structure of Regular Tori in a Generic 4D Symplectic Map", in *Chaos: An Interdisciplinary Journal of Nonlinear Science*, 24 (2), 10 de junho de 2014, pp.2-3.

[72] Vrahatis, Michael N., et al, "Structure and Breakdown of Invariant Tori in a 4D Mapping Model of Accelerator Dynamics", in *International Journal of Bifurcation and Chaos*, Vol.7, No.12, World Scientific Publishing, 1997, p.2708. Katsanikas, M. e P. A. Patsis, "The Structure of Invariant Tori in a 3D Galactic Potential", em *International Journal of Bifurcation and Chaos*, World Scientific Publishing, 8 de abril de 2013, p.19.

[73] Katsanikas, M. e P. A. Patsis, "The structure of invariant tori in a 3D galactic potential", em Ibid, p.24.

[74] Vrahatis, Michael N., et al., *A Procedure to Compute the Fixed Points and Visualise the Orbits of a 2D Map,* CERN - SL Division/93-06 (AP), Genebra, 1 de fevereiro de 1993,

https://www.math.upatras.gr/~vrahatis/papers/other/VrahatisSTB93_CERN_SL_93_06-AP_1993.pdf, acedido em: 8 de novembro de 2016.

[75] Vrahatis, Michael N., "An Efficient Method for Locating and Computing Periodic Orbits of Nonlinear Mappings", in *Journal of Computational Physics*, 1995, pp. **105-106**, 117. Vrahatis, Michael N., et al., *A Procedure to Compute the Fixed Points and Visualise the Orbits of a 2D Map*, CERN - SL Division/93-06 (AP), Genebra, 1 de fevereiro de 1993,

https://www.math.upatras.gr/~vrahatis/papers/other/VrahatisSTB93_CERN_SL_93_06-AP_1993.pdf, acedido em: 8 de novembro de 2016, p.1.

[76] Abraham, Ralph H., *The Chaos 3D Movie Theatre*, Visual Math Institute, Santa Cruz, Califórnia, 17 de outubro de 2014, http://www.visual-chaos.org/chaos-movies/webgl-iterations.html, acedido

em: 11 de setembro de 2017.

[77] Lange, Steffen, et al., "Global Structure of Regular Tori in a Generic 4D Symplectic Map", em *Chaos: An Interdisciplinary Journal of Nonlinear Science*, 24 (2), 10 de junho de 2014, p.2 (consultar também Vrahatis, Michael N., et al, "Structure and Breakdown of Invariant Tori in a 4D Mapping Model of Accelerator Dynamics", in *International Journal of Bifurcation and Chaos*, Vol.7, No.12, World Scientific Publishing, 1997, p.2707).

[78] Vrahatis, Michael N., et al, "Structure and Breakdown of Invariant Tori in a 4D Mapping Model of Accelerator Dynamics", em *International Journal of Bifurcation and Chaos*, Vol.7, No.12, World Scientific Publishing, 1997, pp.2711, 2716, 2720.

[79] Brett, Guy, "The Century of Kinesthesia", em Brett, Guy, ed., *Force Fields: Phases of the Kinetic*, Hayward Gallery, Londres, 1999, p.13 (ver também Fratzeskou, Eugenia, *Mapping the Emergent Hybridities of Urbanism: New Spatial Praxis Types*, LAP - Lambert Academic Publishing, Saarbrucken, 2014. Fratzeskou, Eugenia, *Interstitiality in Contemporary Art and Architecture: An Inter-passage from Delineating to Unfolding the Boundaries of Space*, LAP - Lambert Academic Publishing, Saarbrucken, 2012. Fratzeskou, Eugenia, *Operative Intersections: Between SiteSpecific Drawing and Spatial Digital Diagramming*, LAP - Lambert Academic Publishing, Saarbrucken, 2010).

[80] Brett, Guy, "The Century of Kinesthesia", em Brett, Guy, ed., *Force Fields: Phases of the Kinetic*, Hayward Gallery, Londres, 1999, pp.9-11.

[81] Ibid, p.9.

[82] Ibid, p.17.

[83] Ibid, pp.18, 21.

[84] Ibid, p.20.

[85] Ibid, p.40

[86] Dreher, Thomas, "History of Computer Art", em *IASL Online*, Universidade de Munique, agosto de 2015, pp.1-3, 6, http://iasl.uni-muenchen.de/links/GCA.pdf, acedido: 24 de março de 2016.

[87] Ikeda, Ryoji, Website oficial, "Cyclo", 2000, http://www.ryojiikeda.com/project/cyclo/, acedido: 29 de agosto de 2017. Nicolai, Carsten, *Grid Index*, Gestalten, 2009.

[88] Pola, Francesca, "Gianni Colombo: The Unexpected Space", em Pola, Francesca e Marco Scotini eds., *Gianni Colombo: O Corpo e o Espaço 1959-1980*, Marsilio/Robilant e Voena, 2015, p.17.

[89] Pola, Francesca, "Gianni Colombo: O Espaço Inesperado", in Ibid, p.77.

[90] Eco, Umberto, "Opera Aperta", 1962, em Higgins, Hannah B. e Douglas Kahn, eds., *Mainframe Experimentalism: Early Computing and the Foundations of the Digital Arts*, University of California Press, 2012, pp.100-101. Eco, Umberto, *Arte Programmata: Arte Cinetica, Opere Multiplicate, Opera Aperta*, Galerias Olivetti, Milão, 1962.

[91] Eco, Umberto, "Opera Aperta", 1962, em Higgins, Hannah B. e Douglas Kahn, eds., *Mainframe Experimentalism: Early Computing and the Foundations of the Digital Arts*, University of California Press, 2012, pp.100-101. Eco, Umberto, *Arte Programmata: Arte Cinetica, Opere Multiplicate, Opera Aperta*, Galerias Olivetti, Milão, 1962.

[92] Fratzeskou, Eugenia, *Mapping the Emergent Hybridities of Urbanism: New Spatial Praxis Types*, LAP - Lambert Academic Publishing, Saarbrucken, 2014.

[93] Eco, Umberto, *A Obra Aberta* (tr. Anna Cancogni) Cambridge University Press, 1989, pp.14, 103.

94 Morellet, François, "Pour Une Peinture Experimentale Programmee (A favor de uma pintura experimental programada)" 1962, em Higgins, Hannah B. e Douglas Kahn, eds., *Mainframe Experimentalism: Early Computing and the Foundations of the Digital Arts*, University of California Press, 2012, pp. 98-100.

95 Gerhard Von Graeveniz, *Declaração*, Munique, dezembro de 1965, em Selz, Peter, *Directories in Kinetic Sculpture*, University Art Museum, University of California Press, 1966, p.275.

96 Boris Kelemen em Higgins, Hannah B. e Douglas Kahn, eds., *Mainframe Experimentalism: Early Computing and the Foundations of the Digital Arts*, University of California Press, 2012, p.100 (ver também Michael Noll no convite aberto para a exposição *Tendencije 4: Computers and Visual Research*, 1969, p.103)

97 Fratzeskou, Eugenia, *Visualising Boolean Set Operations: Real and Virtual Boundaries in Contemporary Site-Specific Art*, LAP - Lambert Academic Publishing, Saarbrucken, 2009.

98 Nina Cannell in Fratzeskou, Eugenia, *Meta-Surfaces: Boundary Transmutations in Generative Stratigraphy*, LAP - Lambert Academic Publishing, Saarbrucken, 2017.

99 Dreher, Thomas, "History of Computer Art", em *IASL Online*, Universidade de Munique, agosto de 2015, pp.1-3, 6, http://iasl.uni-muenchen.de/links/GCA.pdf, acedido: 24 de março de 2016, p.6.

100 Rosen, Margit, "They Have All Dreamt of The Machines - And Now The Machines Have Arrived: New Tendencies - Computers and Visual Research, Zagreb, 1968-9", em Higgins, Hannah B. e Douglas Kahn, orgs., *Mainframe Experimentalism: Early Computing and the Foundations of the Digital Arts,* University of California Press, 2012, p. 102.

101 Dreher, Thomas, "History of Computer Art", em *IASL Online*, Universidade de Munique, agosto de 2015, pp.1-3, 6, http://iasl.uni-muenchen.de/links/GCA.pdf, acedido: 24 de março de 2016, pp. 22, 24.

102 Fratzeskou, Eugenia, *Visualising Boolean Set Operations: Real and Virtual Boundaries in Contemporary Site-Specific Art*, LAP - Lambert Academic Publishing, Saarbrucken, 2009.

103 Dreher, Thomas, "History of Computer Art", em *IASL Online*, Universidade de Munique, agosto de 2015, pp.1-3, 6, http://iasl.uni-muenchen.de/links/GCA.pdf, acedido: 24 de março de 2016, pp. 20-21.

104 Almine Rech Gallery, *Ryoji Ikeda, n e, 0,* Comunicado de imprensa, Almine Rech Gallery, Londres, 2017.

105 Fratzeskou, Eugenia, *Visualising Boolean Set Operations: Real and Virtual Boundaries in Contemporary Site-Specific Art*, LAP - Lambert Academic Publishing, Saarbrucken, 2009.

106 Fratzeskou, Eugenia, *Interstitiality in Contemporary Art and Architecture: An Inter-passage from Delineating to Unfolding the Boundaries of Space,* LAP - Lambert Academic Publishing, Saarbrucken, 2012. Tracing Fratzeskou, Eugenia, *Tracing the Shadows of the Real through Interstitial Drawing in Art*, LAP - Lambert Academic Publishing, Saarbrucken, 2015.

107 Fratzeskou, Eugenia, *Inter-Surfaces* (série de modelação digital 3D) 2017, no *Festival* 9th *Espacio Enter Canarias* (Arte e Ciência Inovação: Arte Generativa), Museu TEA, Tenerife, Canárias, Espanha,   Agosto2017   ,

http://www.espacioenter.net/2017/artificiallife_generativeart_transgenicart_softwareart_freesoftwar e_nano_geospatial_bioart_en.htm, acedido: 11 de setembro de 2017.

Bibliografia

Abraham, Ralph H., *The Chaos 3D Movie Theatre*, Visual Math Institute, Santa Cruz, Califórnia, 17 de outubro de 2014, http://www.visual-chaos.org/chaos-movies/webgl-iterations.html, acedido em: 11 de setembro de 2017.

Almine Rech Gallery, *Ryoji Ikeda, n e, 0,* Comunicado de imprensa, Almine Rech Gallery, Londres, 2017.

Aristóteles, *Metaphysics*, Biblioteca Digital Perseus, Universidade de Tufts, http://www.perseus.tufts.edu/hopper/text?doc=Perseus%3Atext%3A1999.01.0052%3Abook%3D8%3Asection%3D1045a, accessed: 11 de setembro de 2017.

Barrio, Roberto et al., "Global Organization of Spiral Structures in Biparameter Space of Dissipative Systems with Shilnikov Saddle-Foci" in *Physical Review: Statistical, Nonlinear, and Soft Matter Physics,* No.84, 2011.

Barrio, Roberto, et al., "Análise Qualitativa e Numérica do Modelo de Rossler: Bifurcações de Equilíbrios", em *Computadores e Matemática com Aplicações,* No.62, Elsevier, 2011.

Beutelspacher, Albrecht e Ute Rosenbaum, *Geometria Projectiva: From Foundations to Applications*, Cambridge University Press, 1998.

Blanchard, P., Devaney, R. L., Hall, G. R., *Differential Equations*, Thompson, Londres, 2006.

Boerner, H., "Caratheodory, Constantin", in *Complete Dictionary of Scientific Biography*, 2008, http://www.encyclopedia.com/doc/1G2-2830900784.html, acedido em: 13 de janeiro de 2014.

Bourke, Paul, *The Rossler Attractor in 3D*, maio de 1997, http://paulbourke.net/fractals/rossler/, acedido: 24 de setembro de 2017.

Brett, Guy, ed., *Force Fields: Phases of the Kinetic*, Hayward Gallery, Londres, 1999.

Brisson, David W., "Hypergraphics: Visualizing Complex Relationships in Art, Science and Technology", em *AAAS Selected Symposium 24,* Washington, 1978.

Caratheodory, Constantin, *Algebraic Theory of Measure and Integration*, Chelsea Publishing, New York, 1963 (originalmente publicado como Caratheodory, Constantin, *Mass und Integral und ihre Algebraisierung*, Birkhauser, Basel, 1956).

Caratheodory-Rodopoulou, Despina e Despina Vlachostergiou-Vasvateki, *Constantinos Caratheodory: The Wise Greek of Munich*, publicações Kaktos, Atenas, 2001.

CERN, *CERN Courier: A 30-year Adventure with Heavy Ions*, 17 de março de 2017, http://cerncourier.com/cws/article/cern/68133, acedido em: 27 de setembro de 2017.

CERN, *CERN Courier*, Vol. 57, No.1, janeiro-fevereiro, 2017, IOP Publishing.

Coxeter, H. S. M., *Regular Polytopes*, Methuen and Co., 1948.

Davidchack, Ruslan L., et al., "Chaotic Transitions and Low-Frequency Fluctuations in Semiconductor Lasers with Optical Feedback", em *Physica D,*

No.145, Elsevier, 2000.

Del Greco, John, "Dangerous Intersection", Universidade Loyola de Chicago, 13 de outubro de 2012, http://blogs.luc.edu/mathstats/2012/10/13/dangerous-intersection/, acedido: 11 de setembro de 2017.

Dreher, Thomas, "History of Computer Art", in *IASL Online*, Universidade de Munique, agosto de 2015, http://iasl.uni-muenchen.de/links/GCA.pdf, acedido: 24 de março de 2016.

Eco, Umberto, *Arte Programmata: Arte Cinetica, Opere Multiplicate, Opera Aperta,* Galerias Olivetti, Milão, 1962.

Eco, Umberto, *A Obra Aberta* (tr. Anna Cancogni) Cambridge University Press, 1989.

Encyclopedia of Mathematics, *Phase Space*, Verlag/The European Mathematical Society, revisto: fevereiro de 2011, http://www.encyclopediaofmath.org/index.php?title=Phase_space&oldid=14737, acedido: 13 de outubro de 2015.

Fasoli, Ambrogio, et al., "Computational Challenges in Magnetic-Confinement Fusion Physics", em *Nature Physics*, Vol. 12, MacMillan Publishers, maio de 2016.

Fratzeskou, Eugenia, *Visualising Boolean Set Operations: Real and Virtual Boundaries in Contemporary Site-Specific Art,* LAP - Lambert Academic Publishing, Saarbrucken, 2009.

Fratzeskou, Eugenia, *Operative Intersections: Between Site-Specific Drawing and Spatial Digital Diagramming*, LAP - Lambert Academic Publishing, Saarbrucken, 2010

Fratzeskou, Eugenia, *Interstitiality in Contemporary Art and Architecture: An Inter-passage from Delineating to Unfolding the Boundaries of Space*, LAP - Lambert Academic Publishing, Saarbrucken, 2012.

Fratzeskou, Eugenia, *Mapping the Emergent Hybridities of Urbanism: New Spatial Praxis Types*, LAP - Lambert Academic Publishing, Saarbrucken, 2014.

Fratzeskou, Eugenia, *Tracing the Shadows of the Real through Interstitial Drawing in Art*, LAP - Lambert Academic Publishing, Saarbrucken, 2015.

Fratzeskou, Eugenia, *Meta-Superfícies: Boundary Transmutations in Generative Stratigraphy*, LAP - Lambert Academic Publishing, Saarbrucken, 2017.

Fratzeskou, Eugenia, *Inter-Surfaces* (digital 3D modelling series), 2017, no *Festival* 9th *Espacio Enter Canarias* (Art and Science Innovation: Generative Art), TEA Museum, Tenerife, The Canarias, Spain, August 2017, http://www.espacioenter.net/2017/artificiallife_generativeart_transgenicart_so f twareart_freesoftware_nano_geospatial_bioart_en.htm, accessed : 11 de setembro de 2017.

Fuhrmann, Anton, et al., "Collaborative Augmented Reality: Exploring Dynamical systems", em *Proceedings of the 8th Conference on Visualization*,

IEEE Computer Society Press Los Alamitos, US, October 18 - 24, 1997, https://www.cg.tuwien.ac.at/research/vr/studierstube/vis97.pdf, acedido: 3 de dezembro de 2016.

Georgiadou, Maria, *Constantin Caratheodory: Mathematics and Politics in Turbulent Times,* Springer International Publishing, 2004.

Gleick, James, *Chaos: Making a New Science*, Penguin Books, Londres, 1987.

Grossman, Lisa, "LHC Sees Matter and Antimatter Misbehaving in Alternate Particle", in *New Scientist*, 6 de fevereiro de 2017, https://www.newscientist.com/article/2120459-lhc-sees-matter-and-antimatter-misbehaving-in-alternate-particle/, acedido em: 27 de setembro de 2017.

Hartnett, Kevin, "Physicists Uncover Strange Numbers in Particle Collisions", in *Wired Magazine* (originalmente na *Quanta Magazine*, Simons Foundation), 20 de novembro de 2016, https://www.wired.com/2016/11/physicists-uncover-strange-numbers-particle-collisions/, acedido em: 11 de setembro de 2017.

Higgins, Hannah B. e Douglas Kahn, eds., *Mainframe Experimentalism: Early Computing and the Foundations of the Digital Arts,* University of California Press, 2012.

Hill, Anthony, *Discourse in Art Theory and Aesthetics*, Faber and Faber, 1968.

Ikeda, Ryoji, Website oficial, "Cyclo", 2000, http://www.ryojiikeda.com/project/cyclo/, acedido: 29 de agosto de 2017.

Katsanikas, M. e P. A. Patsis, "The Structure of Invariant Tori in a 3D Galactic Potential", em *International Journal of Bifurcation and Chaos*, World Scientific Publishing, 8 de abril de 2013.

Kleinschmidt, Glen, Site Oficial, "Um Circuito Atractor Rossler", outubro de 2013, http://www.glensstuff.com/rosslerattractor/rossler.htm, acedido: 7 de setembro de 2017.

Knapp, Alex, "The Large Hadron Collider Is Back In Action", in *Forbes*, 6 de abril de 2015, https://www.forbes.com/sites/alexknapp/2015/04/06/the-large-hadron- collider-is-back-in-action/#1af364fd1e51, acedido: 27 de setembro de 2017.

Lange, Steffen, et al., "Global Structure of Regular Tori in a Generic 4D Symplectic Map", in *Chaos: An Interdisciplinary Journal of Nonlinear Science*, 24 (2), 10 de junho de 2014.

Lipordezis, Athanasios, ed., *Newsletter of the "Constantin Caratheodory Friends Association"*, n.º 53, Komotini, Grécia, 2016.

Lipordezis, Athanasios, ed., *Newsletter of the "Constantin Caratheodory Friends Association"*, n.º 63, Komotini, Grécia, 2016.

Maletic, Slobodan, et al., "Persistent Topological Features of Dynamical Systems" in *Chaos: An Interdisciplinary Journal of Nonlinear Science, n.º 26,* 2015, https://www.researchgate.net/publication/283247270_Persistent_topological_ features_of_dynamical_systems, acedido: 24 de setembro de 2017.

Nave, Carl R., *Phase Space: A Framework for Statistics*, Departamento de Física e Astronomia, Universidade do Estado da Geórgia, EUA, 2012, http://hyperphysics.phyastr.gsu.edu/hbase/quantum/phase.html, acedido: 10 de outubro de 2015.

Nicolai, Carsten, *Grid Index,* Gestalten, 2009.

Pardalos, Panos M. e Themistocles M. Rassias, eds., *Contributions in Mathematics and Engineering (in Honour of Constantin Caratheodory),* Springer International Publishing, Suíça, 2016.

Pola, Francesca e Marco Scotini eds., *Gianni Colombo: The Body and the Space 1959-1980*, Marsilio/Robilant e Voena, 2015.

Rassias, Themistocles M., ed., *Constantin Caratheodory: An International Tribute,* World Scientific Publishing, Vol.1, 1991.

Sardanyes, Josep, Sítio Web oficial, 2015, http://complex.upf.es/~josep/, acedido: 11 de setembro de 2017.

Scott, Alwyn, ed., *Encyclopedia of Nonlinear Science*, Routledge, Nova Iorque, 2005.

Selz, Peter, *Directories in Kinetic Sculpture*, University Art Museum, University of California Press, 1966.

Sivak, Peter, et al., "Some Methods of Analysis of Chaos in Mechanical Systems", in *American Journal of Mechanical Engineering*, Vol.2, No.7, 2014.

The New Encyclopedia Britannica, "Constantine Caratheodory", 15th edition, Vol. 2, The University of Chicago, Encyclopedia Britannica Inc., US, 1992, http://www.britannica.com/EBchecked/topic/94576/Constantin-Caratheodory (entrada online da nova edição), acedido em: 19 de setembro de 2013.

Vrahatis, Michael N., "An Efficient Method for Locating and Computing Periodic Orbits of Nonlinear Mappings", em *Journal of Computational Physics*, 1995.

Vrahatis, Michael N., et al., *A Procedure to Compute the Fixed Points and Visualise the Orbits of a 2D Map*, CERN - SL Division/93-06 (AP), Genebra, 1 de fevereiro de 1993, https://www.math.upatras.gr/~vrahatis/papers/other/VrahatisSTB93_CERN_SL_93_06-AP_1993.pdf, acedido: 8 de novembro de 2016.

Vrahatis, Michael N., et al, "Periodic Orbits and Invariant Surfaces of 4D Nonlinear Mappings", em *International Journal of Bifurcation and Chaos*, Vol.6, No.8, World Scientific Publishing, 1996.

Vrahatis, Michael N., et al, "Structure and Breakdown of Invariant Tori in a 4D Mapping Model of Accelerator Dynamics", em *International Journal of Bifurcation and Chaos*, Vol.7, No.12, World Scientific Publishing, 1997.

Weisstein, Eric W., "Hyperplane", em *MathWorld - A Wolfram Web Resource*, http://mathworld.wolfram.com/Hyperplane.html, acedido: 5 de dezembro de 2015.

Wen, Haoran, *A Review of the Henon Map and its Physical Interpretations*,

Instituto de Tecnologia da Geórgia, 21 de abril de

2014

,

http://chaosbook.org/projects/Wen14.pdf, acedido: 15 de março de 2017.

Colaboradores da Wikipédia, *Wikipédia, A Enciclopédia Livre*, Wikipédia, 2017, https://en.wikipedia.org/, acedido: 11 de setembro de 2017.

Outras monografias do autor

Fratzeskou, Eugenia, *Visualising Boolean Set Operations: Real and Virtual Boundaries in Contemporary Site-specific Art,* LAP - Lambert Academic Publishing, Saarbrucken, 2009, ISBN-10: 383833051X, ISBN-13: 9783838330518.

Fratzeskou, Eugenia, *New Types of Drawing in Fine Art: The Role of Fluidity in the Creation Process*, LAP - Lambert Academic Publishing, Saarbrucken, 2010, ISBN-10: 3838348389, ISBN-13: 978-3838348384.

Fratzeskou, Eugenia, *Operative Intersections: Between Site-Specific Drawing and Spatial Digital Diagramming,* LAP - Lambert Academic Publishing, Saarbrucken, 2010, ISBN-10: 3838351932, ISBN-13: 978-3838351933.

Fratzeskou, Eugenia, *Interstitiality in Contemporary Art and Architecture: An Inter-passage from Delineating to Unfolding the Boundaries of Space,* LAP - Lambert Academic Publishing, Saarbrucken, 2012, ISBN-10: 3838375017, ISBN-13: 978-3838375014.

Fratzeskou, Eugenia, *Mapping the Emergent Hybridities of Urbanism: New Spatial Praxis Types,* LAP - Lambert Academic Publishing, Saarbrucken, 2014, ISBN-13: 978-3-8484-2698-0, ISBN-10:3848426986.

Fratzeskou, Eugenia, *Tracing the Shadows of the Real through Interstitial Drawing in Art,* LAP - Lambert Academic Publishing, Saarbrucken, 2015, ISBN-13: 978-3-659-81845-5, ISBN-10: 3659818453.

Fratzeskou, Eugenia, *Meta-Surfaces: Boundary Transmutations in Generative Stratigraphy,* LAP - Lambert Academic Publishing, Saarbrucken, 2017, ISBN-13: 978-620-2-01491-5, ISBN-10: 6202014911.

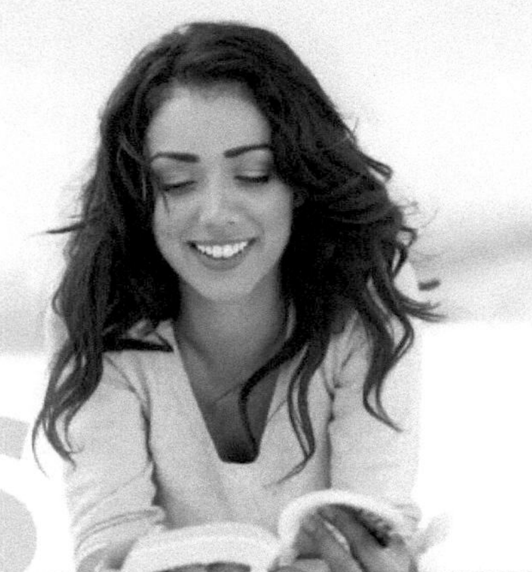

yes I want morebooks!

Buy your books fast and straightforward online - at one of world's fastest growing online book stores! Environmentally sound due to Print-on-Demand technologies.

Buy your books online at
www.morebooks.shop

Compre os seus livros mais rápido e diretamente na internet, em uma das livrarias on-line com o maior crescimento no mundo! Produção que protege o meio ambiente através das tecnologias de impressão sob demanda.

Compre os seus livros on-line em
www.morebooks.shop

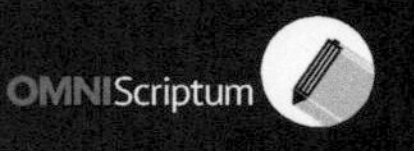

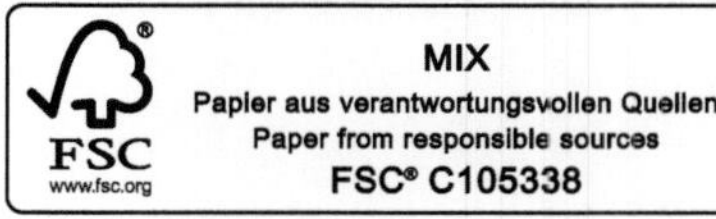

Printed by Books on Demand GmbH, Norderstedt / Germany